AF475771

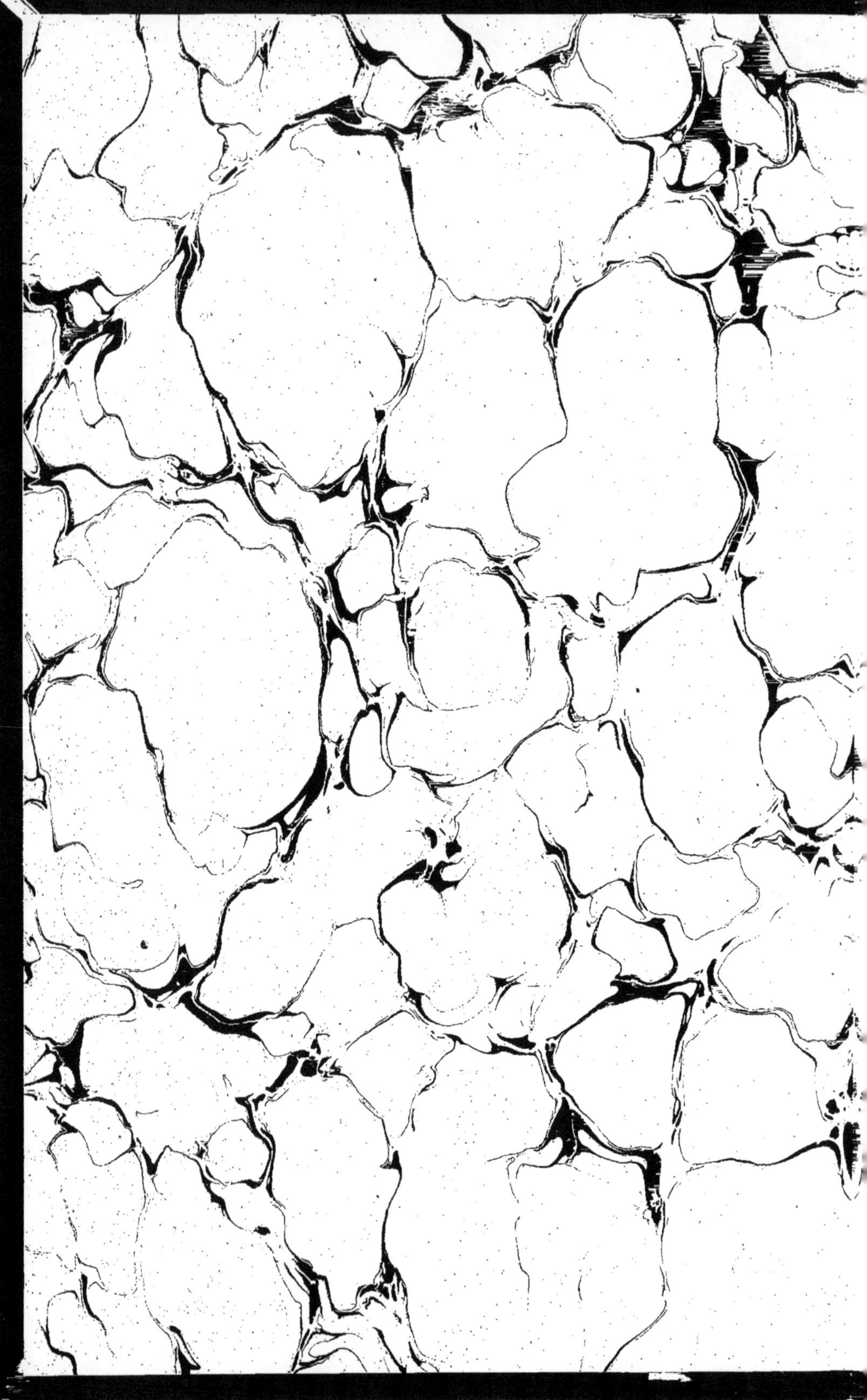

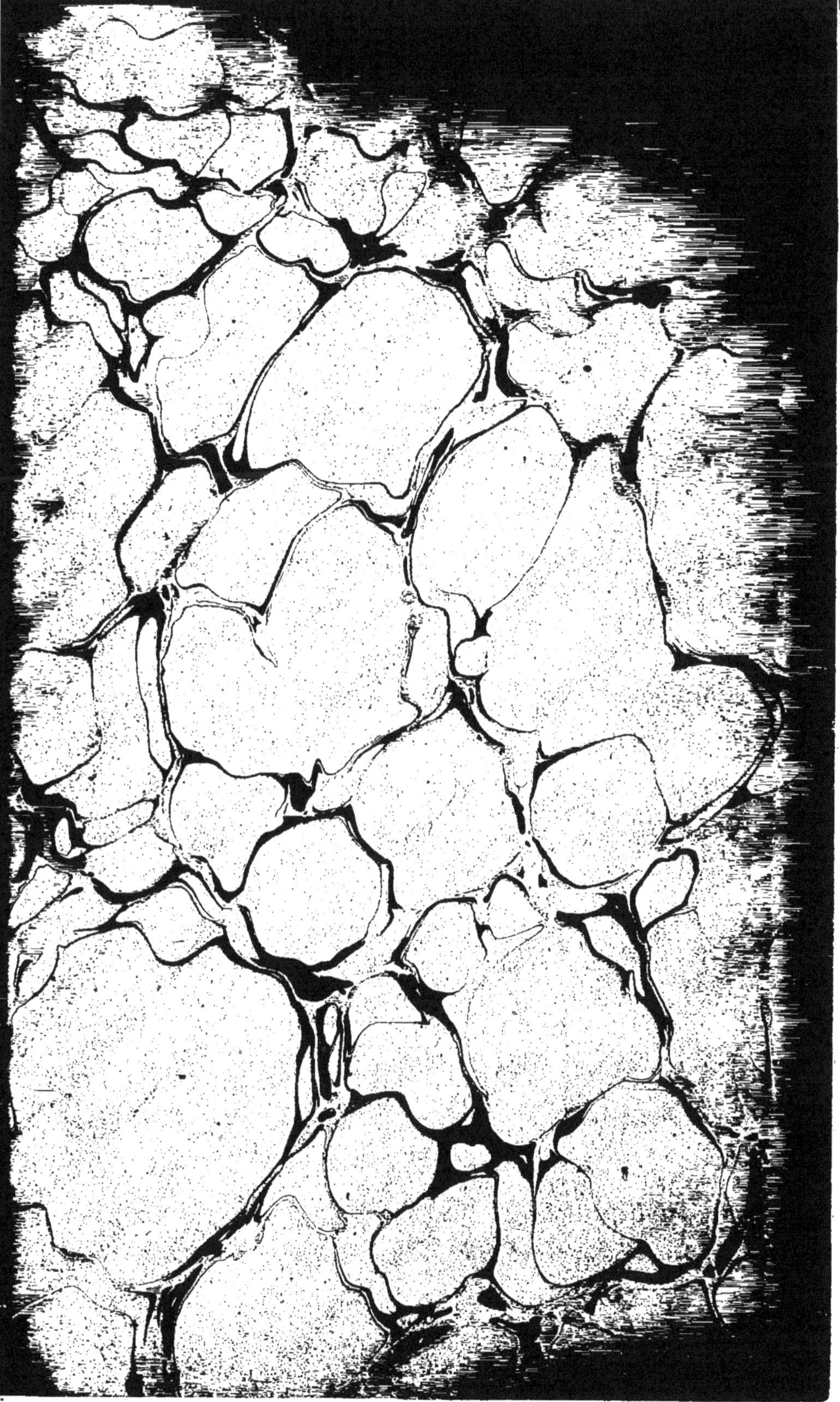

MONTMARTRE

MÉMOIRE DE

F. DE GUILHERMY

Avec un Portrait de l'Auteur.

PARIS

ÉDITION DE LA SOCIÉTÉ **Le Vieux Montmartre**,

42, RUE D'ORSEL, XVIIIe.

M D CCCC VI.

Le Vieux Montmartre

SOCIÉTÉ

D'HISTOIRE ET D'ARCHÉOLOGIE

des IX et XVIIIe Arrondissements

Siège Social : 42, RUE D'ORSEL

Montmartre, 16 Mars 1906

MONSIEUR,

Le Comité de Publication du " Vieux Montmartre " *a l'honneur de vous informer que*

" Montmartre "

mémoire inédit de F. de Guilhermy, vient de paraître.

Le prix de l'exemplaire sur papier ordinaire est fixé à 3 *francs et celui de l'exemplaire sur papier de hollande à* 5 *francs pour les membres souscripteurs.*

La souscription sera irrévocablement close le Vendreai 6 Avril prochain.

Les demandes devront être adressées au siège de la Société, 42, *rue d'Orsel.*

Veuillez agréer, Monsieur, l'assurance de notre considération distinguée,

Le Président,

J.-C. WIGGIHSOFF.

Le Vieux Montmartre

SOCIÉTÉ D'HISTOIRE ET D'ARCHÉOLOGIE

DU XVIIIE ARRONDISSEMENT

Paris, le 25 février 1901.

MONSIEUR ET CHER CONFRÈRE,

La Société **Le Vieux Montmartre**, à laquelle vous appartenez, a pensé qu'il convenait, au moment où elle entre dans la quinzième année de son existence, de publier un travail scientifique digne de la doyenne des sociétés d'histoire locale de Paris.

Elle a fait choix d'une œuvre, en grande partie inédite, et due à l'un des plus illustres archéologues de ce siècle : Anatole de Guilhermy.

Guilhermy, a consacré toute son existence à l'étude des antiquités de Paris et de la région parisienne. Rappelons seulement les deux ouvrages, importants entre tous, qui ont consacré sa gloire : l'*Itinéraire archéologique de Paris* et le *Recueil des Inscriptions du diocèse de Paris*.

Parmi les nombreuses localités qui firent l'objet de ses études, Montmartre paraît avoir été pour lui l'objet d'une prédilection particulière. Dès 1841, il donnait à l'Académie des Inscriptions, qui le jugeait digne d'être inséré dans les mémoires présentés par divers savants, un travail sur l'abbaye de Montmartre. Cette œuvre, aujourd'hui introuvable, n'était qu'un fragment de celle que nous nous proposons de publier intégralement et qui est aujourd'hui conservée dans le manuscrit 6117 des *Nouvelles Acquisitions françaises*, à la Bibliothèque nationale.

Elle se divise en deux parties : la première est consacrée à l'histoire proprement dite de l'abbaye ; la seconde concerne plus particulièrement les possessions de l'abbaye, les deux églises, les usages et les superstitions locales.

Sans manquer au respect que l'on doit à la mémoire des deux travailleurs modestes et consciencieux qui ont écrit l'histoire de Montmartre, Cheronnet et

Tretaigne, il est permis de dire que l'on ne peut pas trouver dans leurs livres la somme considérable de connaissances et l'esprit de critique scientifique qu'un érudit tel que Guilhermy pouvait mettre au service de ses études; c'est donc en réalité la première histoire scientifique de Montmartre que notre société se propose de mettre au jour.

Si l'état de ses finances le lui avait permis, **Le Vieux Montmartre** aurait été heureux d'offrir gratuitement à ses membres une œuvre qui les intéresse à un si haut degré. Malheureusement, la publication de ses fascicules absorbe toutes ses ressources. Il a donc recours à la générosité de ses adhérents et offre à chacun d'eux, moyennant une souscription minimum de TROIS francs, un exemplaire du *Montmartre* de Guilhermy, qui sera vendu au public à raison de cinq francs le volume.

Nous sommes certains que notre appel sera entendu par les membres du **Vieux Montmartre** et aussi par ceux des nombreuses Sociétés archéologiques qui se partagent l'étude de l'histoire parisienne.

Les souscriptions, mandat ou bon de poste, seront reçues par M. BARBIER, trésorier du *VIEUX MONTMARTRE*, 19, place Saint-Pierre.

Le Président,

J.-C. WIGGISHOFF.

MONTMARTRE

Tiré à 320 exemplaires

dont 20 sur papier de Hollande van Gelder.

F. DE GUILHERMY

MONTMARTRE

MÉMOIRE DE

F. DE GUILHERMY

Avec un Portrait de l'Auteur.

PARIS

EDITION DE LA SOCIÉTÉ **Le Vieux Montmartre**,

42, RUE D'ORSEL, XVIIIe.

M D CCCC VI.

AVANT-PROPOS

Roch-François-Ferdinand-Marie Nolasque de Guilhermy est né à Londres, le 18 septembre 1808, et mourut à Paris le 27 avril 1878. Dans sa carrière de soixante-dix ans, au milieu des occupations multiples que lui donnaient les emplois qu'il occupa successivement au ministère des Finances et à la Cour des Comptes, il trouva le temps de mettre au jour quelques-uns des ouvrages qui font le plus d'honneur à l'érudition française. Il suffit de nommer la *Monographie de l'Eglise de Saint-Denis* (1848), la *Description archéologique des Monuments de Paris* (1855), la *Description de Notre-Dame cathédrale de Paris* (1866), avec la collaboration de Viollet-le-Duc, et surtout le *Recueil des Inscriptions de la France, ancien diocèse de Paris*, en 5 volumes, dont les deux derniers, édités par M. Robert de Lasteyrie, parurent après la mort de l'auteur.

Si l'on ajoute à cette énumération de nombreux mémoires parus dans les recueils archéologiques et, surtout, la précieuse collection de manuscrits conservés aujourd'hui au Cabinet des Manuscrits de la Bibliothèque Nationale, sous les numéros 6.094 à 6.134 des nouvelles acquisitions françaises, on aura une idée de l'immense travail archéologique auquel s'est livré Guilhermy (1).

C'est de l'un de ces manuscrits, le 6.117, qu'est tiré le

1. Une notice détaillée sur Guilhermy, due à M. Alfred Dariel, a paru en tête du tome IV des *Inscriptions de la France*, pages 1 à XII.

Mémoire inédit que publie aujourd'hui le *Vieux Montmartre*. Le terme *inédit* paraîtra peut-être déplacé quand on saura que des extraits en ont paru dans les *Mémoires présentés par divers savants à l'Académie Royale des Inscriptions et Belles-Lettres de l'Institut de France.* (Paris. Imprimerie Royale, 1842 — in-8°.) Mais ce vocable est cependant de mise si l'on considère que, dans ce recueil, 27 pages seulement du Mémoire, c'est-à-dire moins du cinquième, ont été publiées, et que même dans la partie mise au jour, l'Académie des Inscriptions a cru devoir faire subir à la rédaction de l'auteur de nombreuses suppressions. Les lecteurs curieux de faire cette constatation n'auront qu'à comparer les pages 178 à 207 du volume des *Mémoires* de l'Institut avec les pages 5 à 7, 104 à 143 de notre publication.

II

Guilhermy avait présenté son travail à la savante compagnie en 1842, et s'était vu octroyer une mention très honorable. A ce moment, il n'existait aucune monographie de Montmartre. L'*Histoire de Montmartre*, par Chéronnet et l'abbé Ottin, ne devait voir le jour que l'année suivante ; le *Montmartre et Clignancourt*, de Léon-Michel de Trétaigne, ne date que de 1862, et le *Recueil des Chartes de l'Abbaye de Montmartre*, par M. Edouard de Barthélemy, n'a paru qu'en 1883. Les notions rassemblées par le savant archéologue dans les historiographes de Paris et dans les documents originaux des Archives de l'Etat étaient donc nouvelles. On peut se demander, dans ces conditions, pourquoi l'Académie s'est bornée à une publication fragmentaire.

Deux réponses pourront être faites : la première, et celle qui vient naturellement à l'esprit, est que le travail de Guilhermy a paru trop étendu pour pouvoir être donné en entier. Toutefois, quand on lit attentivement cette œuvre, on trouve à la réflexion un autre motif, qui semble avoir décidé la docte assemblée.

Catholique ardent, Guilhermy avait dû être guidé, dans le choix du sujet de son étude, par sa prédilection pour une localité qui, suivant la tradition, fut le lieu du supplice de l'apôtre du christianisme à Paris et le berceau de la Société de Jésus. Dans l'ardeur de sa foi, il n'a pas su comprimer des effusions d'une ardeur religieuse qui, il faut le reconnaître impartialement, donnent, à certains passages de son travail, plutôt l'apparence d'un livre d'apologétique chrétienne que d'un mémoire historique.

Ces considérations n'étaient pas de nature à arrêter notre Société. Indifférente aux questions religieuses et politiques, elle n'avait à considérer que la valeur intrinsèque d'une œuvre qui a pu être complétée et dépassée même, au point de vue historique, mais dont l'intérêt archéologique, au point de vue Montmartrois, n'a pas été encore égalé.

Elle l'offre aujourd'hui au public savant, désireuse de prouver l'utilité de ces petites sociétés d'histoire locale, qu'on a souvent tenté de ridiculiser, mais qui n'en ont pas moins rendu à la science française des services éminents.

Il n'appartient pas au *Vieux Montmartre* de signaler ceux qu'il peut compter à son actif. Il se borne à rappeler qu'en dehors des publications qu'il a mises au jour depuis vingt ans, il a le légitime orgueil d'avoir sauvé le monument archéologique qui honore la vieille Butte, l'église Saint-Pierre, et d'offrir aujourd'hui aux savants le livre qui la décrit le mieux.

MONTMARTRE

Histoire — Abbaye

Suite des Abbesses — Preuves.

ORIGINES. — Après les œuvres de la civilisation antique, apparaissent, dans toute leur splendeur première, celles de la civilisation chrétienne ; les monuments, élevés par les disciples du Christ, prennent rang après les basiliques érigées par les empereurs. A ce titre, l'histoire des antiquités de Montmartre doit suivre la description du palais des derniers Césars. D'ailleurs, le nom de cette montagne fameuse vient s'associer aux plus grands événements de nos annales, et l'origine des ruines qui la couvrent encore se perd dans l'obscurité des âges.

Les Gaulois, dont la vénération pour les rochers et les montagnes a laissé sur notre sol tant de monûments bizarres, ont du faire de cette colline, si remarquable par sa forme et son isolement, l'objet de quelques pratiques superstitieuses.

Quand les Romains remplacèrent par le culte pompeux de leurs divinités les sanglants mystères de Theutatès, des temples et des palais s'élevèrent sur cette montagne déjà consacrée ; les dieux, protecteurs de l'Empire, lui donnèrent leurs noms. Les apôtres, qui vinrent annoncer l'Evangile aux Parisiens, y souffrirent un glorieux supplice au milieu des premiers fidèles qu'ils avaient gagnés à la cause du Christ. Dès lors, le Mont des Martyrs fut regardé comme le berceau de l'église de Paris, et le jour où le monde, étonné d'être déjà devenu chrétien, abandonna les temples des dieux pour courir aux tombeaux des confesseurs de la foi, une chapelle de marbre consacra la mémoire des Saints qui avaient souffert en ce lieu pour le nom du Sauveur. Les fidèles se pressèrent en foule autour des cryptes profondes, dans lesquelles les martyrs avaient reçu la sépulture, après y avoir cherché, pendant leur vie, un asile contre la persécution. Les premiers rois de la dynastie capétienne, qui comptaient saint Denys au nombre des amis particuliers de leur race (1), fondèrent, sur la cîme de la montagne, une splendide abbaye placée sous le patronage du grand évêque devenu, depuis l'origine de la monarchie, le protecteur immortel du saint royaume des Francs. Des abbesses, tirées des plus illustres maisons de France, gouvernèrent, pendant plus de sept siècles, le noble monastère. La révolution a renversé ce monument de la piété royale. Mais les débris en sont encore debout ; l'aspect de ces ruines inspire un vif intérêt ; leur histoire rappelle les plus importants souvenirs (2).

Nom de Montmartre. — Le nom primitif de Montmartre a été rapporté diversement par nos anciens auteurs. Cependant, s'il faut s'en tenir au récit de Frédégaire, qui rédigea sa chronique sous le règne de Clovis II, et qui a le premier parlé de Montmartre, cette montagne se nommait alors *Mons Mercurii*, Mont de Mercure. Les différents manuscrits de Frédégaire présentent, il est vrai, plusieurs leçons, mais

1. Helgaldus, *Epitome vitæ Roberti regis* (ap. Hist. de Fr., t. x, p. 104, d.)

2. Aucun des écrivains, qui se sont occupés de Montmartre, n'ayant rassemblé les faits anciens, dont cette montagne a été le théâtre, on a cru pouvoir en traiter ici l'histoire avec d'assez longs développements.

elles semblent toutes n'être que des altérations du nom véritable, *Mons Mercurii*. On y lit *Mons Mercoris, Mons Mercore, Mons Mercomire* et *Mons Cori* dans le manuscrit de la bibliothèque Colbert. Dans ses Gestes des rois de France, le moine de Fleury, qui, du reste, semble avoir écrit d'après Frédégaire, se sert de cette expression, *Mons cui, Marcomerus nomen est* (1). Hilduin, abbé de Saint-Denys, qui composa son livre des Aréopagitiques, sur la demande de l'empereur Louis le Pieux, nous apprend que la colline, au sommet de laquelle les trois apôtres de Paris reçurent la couronne du martyre, s'appelait alors le *Mont de Mercure*, parce que l'idole de cette fausse divinité y recevait des Gaulois un culte solennel (2). Le moine anonyme, qui écrivit sous Charles le Chauve, le *Livre des Miracles de Saint-Denys*, et Abbon, auteur du fameux poème du Siège de Paris par les Normands, ont donné à Montmartre le nom de *Mont de Mars, Mons Martis, Martis Cacumina*. Il serait possible qu'une partie de la montagne eût reçu le nom de *Mercure* et une autre celui de *Mars*. Les deux temples, dont nous allons parler, auraient ainsi donné chacun leur nom au point sur lequel ils se trouvaient placés. Quant à la dénomination de Montmartre, seule en usage, depuis plusieurs siècles, la plupart des écrivains qui ont traité ce sujet ont cru y retrouver, sous une forme altérée, les noms de *Mont de Mercure* ou de *Mont de Mars*. Mais il est une étymologie plus certaine, et confirmée d'ailleurs par une antique tradition. L'origine véritable de ce nom se rapporte au culte dont furent honorés les martyrs Parisiens. Les chrétiens

---

1. Chlotarius Aginano copiam secedendi, in Monte cui Marcomirus nomen est, attribuit. *Aimoini monachi Floriacensis, de Gestis Francorum libri* IV. Historiens de la France, tome III, 124, c.

2. L'abbé Lebœuf s'est trompé quand il a dit qu'Hilduin appelait indifféremment Montmartre, *Mont de Mars* et *Mont de Mercure*. Ce dernier nom paraît seul dans les Aréopagitiques.

appelèrent *Montagne des Martyrs*, *Mons Martyrum*, le lieu ou le sang de leurs apôtres avait coulé pour la foi, et de ces mots s'est formé, par un changement presque insensible, le nom de Montmartre. Hilduin, et l'aüteur du livre des miracles de Saint-Denys, rapportent d'une manière positive qu'après la glorieuse passion de saint Denys, Rustique et Eleuthère, la montagne quitta son premier nom pour prendre celui de *Mont des Martyrs*. Plusieurs auteurs, en s'élevant avec raison contre la qualité d'Aréopagite donnée à Saint-Denys par Hilduin, ont attaqüé la bonne foi de ce prélat, et l'ont représenté comme l'inventeur de ce nom de *Mont des Martyrs*. Mais il faut remarquer que l'abbé de Saint-Denys parle du changement de nom de la montagne comme d'une chose publiquement reconnue de son temps, et que d'ailleurs il n'est ni le seul, ni même le premier qui se soit servi de cette expression. Dans une charte donnée à Clichy, par Dagobert, la cinquième année de son règne, pour la concession du droit d'asile au monastère de Saint-Denys, charte rapportée par le P. Dubreul, dans ses *Antiquités*, le Roi déclare que le droit d'asile devra être acquis à tous malfaiteurs fuyant de Paris, dès qu'ils auront dépassé le Mont des Martyrs. Cette charte fut confirmée, en 857, par Charles le Chauve, qui cite le diplôme du roi Dagobert et fixe également pour limites aux immunités des moines, du côté de Paris, le *Mont des Martyrs* « *où le très vénérable témoin du Seigneur termina fidèlement son combat* ». En 996, le roi Robert confirme, presque dans les mêmes termes, les privilèges accordés par Dagobert. Le prêtre Frodoard, historien de l'église de Reims, parle, dans sa chronique, du *Mont des Martyrs*. Adelhelme (1), évêque de Séez, qui

1. Quo viso Ludovicus rex cum supracriptis donis prata juxta Montem Martyrum et campellos insuper prope portam ejus civitatis ecclesiæ attribuit. *Miracula S. Opportunæ abbatissæ, auctore Adalelmo episcopo Sagiensi.* Acta sanctorum, Aprilis, tome III, Anvers, 1657.

écrivit, à la fin du IXe siècle, la vie de sainte Opportune, raconte que Louis, roi de Germanie, ayant été témoin d'un miracle opéré par l'intercession de la sainte abbesse de Montreuil, donna à l'église, dont elle était la patronne, plusieurs champs situés près de la porte de la cité de Paris, au pied du *Mont des Martyrs* (1). Enfin, dans le diplôme par lequel les rois Lothaire et Louis, son fils, confirmèrent, vers l'an 975, la fondation du monastère de Saint-Magloire de Paris, il est question d'une *pièce de terre située près du Mont des Martyrs, et donnée à cette abbaye par le comte Foulques.* (Dubois, *Historia ecclesiæ parisiensis,* t. 1, p. 548). Ce nom de Mont des Martyrs reparaît désormais seul dans tous les actes des siècles postérieurs. A la fin du XIIIe siècle, quand on écrivit en français la grande chronique de Saint-Denys, le nom de la montagne était absolument le même que celui qu'elle porte aujourd'hui. « *Avoient esté martirié Saint Denys,* « *Saint Rutiz et Saint Eleuteres au pié d'une montagne qui* « *orendroit est appelée Montmartre, auques près de la cité* « *de Paris.* »

EDIFICES ANTIQUES. — Les noms de Mercure et de Mars, donnés à la montagne, les ruines des sanctuaires consacrés à ces deux divinités et les fragments d'édifices antiques conservés jusqu'à nos jours, prouvent d'une manière certaine que, sous la domination romaine, les Parisiens avaient élevé en ce lieu des temples et des palais.

TEMPLE DE MERCURE. — Le plus fameux des édifices construits à Montmartre semble avoir été un temple de Mercure. Nous savons que les Gaulois regardaient ce Dieu comme

---

1. Le don fait à l'église Sainte-Opportune, fut confirmé, en 1154, par Louis le jeune. Dès lors, une partie des terrains qui se trouvaient au bas de Montmartre, portaient le nom de *Marais*, qui s'est perpétué jusqu'à nous. « Campelli juxtà Montem Martyrum et portam civitatis, quos vulgus maresia vocat. »

leur principale Divinité. Après lui seulement Apollon, Mars, Jupiter et Minerve, partageaient les hommages du peuple. César, dans le sixième livre des *Commentaires*, nous apprend que les Gaulois avaient érigé à Mercure un grand nombre de simulacres. Ils adoraient en lui l'inventeur des arts, le guide des voyageurs, le protecteur du commerce. Aussi, quand le Christianisme vint éclairer la Gaule, le pays était, suivant Hilduin, voué misérablement au culte de ce Dieu par une servitude diabolique. Les payens choisissaient d'ordinaire le sommet des montagnes, comme l'emplacement le plus convenable aux autels de Mercure, afin sans doute que le voyageur pût les découvrir de loin et diriger sa route vers leur enceinte sacrée. L'extrémité occidentale de Montmartre, qui domine une plaine immense, semblait un lieu tout préparé pour recevoir un de ces temples. Presque tous les auteurs sont d'accord sur l'existence de ce sanctuaire. Hilduin nous fait connaître que, de son temps, elle n'était pas révoquée en doute, et Frodoard désigne certainement ce temple dans la description qu'il donne d'un édifice antique construit sur la montagne, non loin de l'église, et dans un lieu exposé à toute la violence des tempêtes. Malheureusement, il ne nous reste aucun plan, aucun dessin de ce monument. Sauval seul en parle avec quelque détail : « Sur le haut de Montmartre, se « voyent, dit-il, les ruines d'un temple antique, dédié à « Mercure, à ce qu'on dit..... Les ruines du temple de « Mercure sont grandes et fameuses dans les titres anciens « de l'abbaye. Les terres voisines s'appeloient *terres du* « *Mont de Mercure*, du *temple*, du *temple de Mercure*, « *terres du Palais*..... En 1618, jusqu'au vingtième octobre « dédié à sainte Ursule, l'une des patrones, dit-on, de « l'abbaye de Montmartre, étoit resté un grand pan de « mur de ce temple, qui avoit tant de hauteur, que presque « de toute l'ile de France on l'aperceuoit et où il restoit « encore une niche, remplie d'une figure de deux ou trois

« pieds, qui passoit pour une idole ; ce jour-là même, tout « ce pan de mur, par un orage, fut renversé, et l'idole « réduite en poudre ». Le P. Dubreul, dont l'ouvrage a été publié dans les premières années du XVIIe siècle, a vu les ruines dont parle Sauval. Après avoir fait mention de la chapelle du Saint Martyre, située sur le versant méridional de la montagne, il ajoute : « Le temple de Mercure « estoit plus haut tendant à la coste d'Occident, où il se « voit encore une pente de mur haut et solide, que l'on « pense estre du dit temple (1). Aujourd'hui même que ces débris ont disparu, il existe encore, dans la partie la plus élevée de Montmartre, vers le couchant, un tertre qui domine toute la montagne, et qui semble avoir été façonné par la main des hommes. Il a conservé ce nom de *tertre du palais* qui, d'après Sauval, aurait été donné par les religieuses aux ruines du temple, pour effacer les derniers souvenirs du paganisme.

FONTAINE SAINT-DENIS. — Au pied du temple, se trouvait une fontaine, aujourd'hui à peu près perdue, qui a porté successivement les noms de Mercure et de Saint-Denys. Elle était autrefois l'objet de pratiques superstitieuses, qui rappelaient l'ancien culte des fontaines. « On en conte cent fables, dit Sauval, et les paysans y font trop de folies. » Une des gravures du comte de Caylus représente un petit vase antique en terre cuite découvert près de cette source, dans le cours du XVIIe siècle. La fontaine de Saint-Denys conserva longtemps sa renommée miraculeuse. Sous le règne de Louis XIV, Gaston de Renty, célèbre par son ardente dévotion, vint souvent prendre ses repas en ce

1. Un tableau peint sur bois au XVe siècle, par Nicolas Pion, pour l'abbaye de Saint-Germain-les-Prés, et conservé aujourd'hui à Saint-Denys, représente la butte Montmartre, avec son abbaye, sa chapelle du saint Martyr, et, sur l'occident, une haute muraille circulaire, débris du temple de Mercure. (Le tableau est au Louvre ; le nom du peintre fort douteux).

lieu, et s'y distingua par la ferveur de son zèle pour le salut des âmes. Il y réunissait en effet les habitants du village dont il s'efforçait de ranimer la piété par de chaleureuses prédications.

Fontaines. — D'autres fontaines plus abondantes se rencontrent au nord de la Montagne, ainsi qu'une citerne assez vaste. On a trouvé, il y a environ un siècle, des conduits qui prouvent que les anciens avaient utilisé les eaux de ces sources. Mais il ne reste aujourd'hui aucun vestige de maçonnerie antique dans les bassins de ces fontaines, qu'on appelle les fontaines du Buc.

Temple de Mars. — Un temple, consacré à Mars, fut aussi construit à Montmartre. Il s'élevait à mi-côte, sur la pente de la montagne qui regarde Paris. Quelque défectueux qu'il paraisse, le récit de Sauval est encore le moins incomplet : « Dans le jardin du prieuré, on trouve quelques ves-
« tiges d'un temple consacré, dit-on, à Mars, que j'ai vu,
« en 1657, le 24 mai, lorsque Madame de Guise fut bénite
« abbesse..... Jusqu'à la fin du siècle passé, il se voyait en-
« core, en certains endroits, quelques restes du temple de
« Mars, et surtout une terrassse si épaisse et si large qu'on
« tient qu'elle servit à Henri IV, pour braquer son canon,
« quand il assiégea Paris. Depuis peu elle a été démolie,
« et à la place on y a fait de petits murs à hauteur d'ap-
« pui, avec une chapelle dédiée à saint Benoît. »

Les Temples. — L'abbé Lebeuf, à qui le discernement de Sauval pour reconnaître les édifices de construction romaine inspirait peu de confiance, semble douter de l'existence des deux temples de Mercure et de Mars. Mais il est difficile de rejeter entièrement l'assertion si précise de Sauval, confirmée d'ailleurs, quant au temple de Mercure, par le texte des Aréopagitiques. Les détails que l'auteur des *Antiquités de*

Paris nous a transmis sur cette haute muraille qu'on apercevait de presque toute l'Ile de France, rapprochés du récit d'Hilduin et de celui de Frodoard, suffisent pour nous convaincre qu'un édifice antique, bien distinct de celui dont les ruines se voient encore aujourd'hui, a réellement existé sur la partie la plus élevée de la montagne et que ce doit être certainement le temple de Mercure. L'abbé Lebeuf lui-même a examiné quelques débris qu'on regardait comme les fondations de ce temple, et qui lui parurent trop peu solides pour avoir supporté un édifice considérable. Mais une observation de ce genre ne saurait prévaloir contre les textes positifs de tous nos anciens auteurs. Lorsqu'en 1789, on commença les travaux de la nouvelle route de Montmartre, une découverte intéressante vint confirmer l'opinion des écrivains qui nous ont conservé le souvenir du temple de Mercure. Une tête de ce Dieu, en marbre, sur laquelle on pouvait remarquer encore les souches des deux ailes du pétase, fut trouvée près du tertre du palais. Ce fragment semblait avoir appartenu à une statue demi nature, ce qui se rapporte parfaitement aux proportions données par Sauval à l'idole qui remplissait la niche du temple. Recueillie par M. Jourdain, peintre, parent de M. Debret, aujourd'hui architecte de l'église royale de Saint-Denys, cette tête a disparu, sans qu'on ait pu savoir depuis en quelles mains elle était passée.

Une tradition constante fixe l'emplacement du temple de Mars. La construction des bâtiments qui dépendent de la chapelle basse de Montmartre en aura sans doute accéléré la ruine. Cependant, une vaste terrasse, destinée à en soutenir les murs, existait encore quand Henri IV vint mettre, en 1590, le siège devant Paris. Des batteries y furent alors dressées, pour faire brèche dans les remparts, qui s'étendaient de la porte Montmartre à la porte Saint-Denys. Sauval a vu, comme nous l'avons rapporté plus haut, les derniers vestiges de cette solide terrasse (1). Elle était détruite quand Lebeuf écrivit son *histoire du diocèse de Paris*. L'emplacement qu'elle occupait a, depuis cette époque, changé totalement de face, les travaux des carrières à plâtre ayant bouleversé le sol de manière à rendre aujourd'hui toute recherche impossible.

DÉBRIS ANTIQUES. — Les ruines des deux temples ont été effacées pour jamais du sol de la montagne. Mais on reconnaît encore, vers le nord-ouest, deux gros piliers en maçonnerie antique, dont la masse, composée de petites pierres liées par un dur ciment, offre l'aspect d'une roche compacte. Ces débris se trouvent au milieu d'une vigne, à peu de distance de la fontaine du Buc (2), dont les eaux paraissent avoir été amenées autrefois dans l'intérieur de l'édifice par des canaux souterrains. Les noms de *Beau Mur* et de *Trésor*, donnés aux terres voisines, rappellent assurément l'existence de ruines plus importantes, ou celle de quelque précieux dépôt de médailles antiques. Des fouilles, commencées en ce lieu, le 4 janvier 1737, mirent bientôt à découvert les fondations d'une villa romaine. On y trouva les restes des conduits qui apportaient l'eau dans la salle des Thermes et les débris de l'hypocauste que le savant Caylus semble avoir pris à tort pour le fourneau d'une fonderie antique.

FOUILLES EN 1737. — Ces recherches devinrent la source d'une foule de bruits absurdes qu'on fit courir alors dans Paris. On publia que les personnes intéressées

1. « Quelques ruines de brique et de ciment, qu'on montre à Montmartre, dans le jardin de l'abbaye, et sur le haut de la montagne, passent, chez les religieuses et parmi le commun pour des restes et des vertiges du temple de Mars et de celui de Mercure » Sauval, t. III.

2. 1855. Ces débris antiques ont disparu ; des constructions nouvelles se sont élevées en grand nombre sur ce côté de la montagne.

à exécuter les fouilles avaient trouvé d'énormes richesses, des figures de bronze grandes comme nature, des tonneaux de fer remplis de médailles d'or, des arcades de marbre, une chapelle d'or, un autel d'argent, vingt statues dont huit en argent et les autres en or. Ces bruits obtinrent probablement quelque crédit, car la Cour des Monnaies, assistée de la justice de Montmartre, crut devoir faire une descente dans le lieu ou se pratiquaient les fouilles. Mais on n'y avait rien découvert qui fût capable d'exciter la convoitise du fisc. Les fragments de murs, qui avaient appartenu aux fondations de l'édifice, étaient formés de plusieurs lits de pierre de petit appareil superposés, et composant des couches épaisses, séparées les unes des autres par trois rangs de briques.

Le pavé consistait en tranches d'albâtre, et des restes de corniches élégantes en terre cuite prouvaient que les salles de l'édifice avaient reçu une décoration architecturale d'une certaine richesse. On recueillit, au milieu des ruines, deux objets d'une importance majeure, une tête en bronze, de grandeur naturelle, dans laquelle les antiquaires crurent retrouver l'effigie du consul *C. Cælius Caldus*, et un bras, aussi en bronze, qui, d'après ses proportions, avait dû faire partie d'une figure dont la hauteur excédait huit pieds. La Bibliothèque royale possède aujourd'hui la tête ; le bras appartenait autrefois aux moines de sainte Geneviève.

Les ruines d'une autre habitation romaine avaient été déjà explorées, longtemps avant les fouilles de 1737. Des ouvriers qui creusaient un puits, au pied de la montagne, vers le sud-ouest, dans la maison du fermier général Laboissière, découvrirent plusieurs bas-reliefs antiques, d'une exécution soignée, représentant des génies montés sur des chars. Ces sculptures sont aujourd'hui déposées dans le cabinet des antiques de la Bibliothèque Royale. Autrefois les habitants de Montmartre croyaient que leur montagne recelait d'immenses trésors, et que le veau d'or s'y trouvait caché dans une cave profonde.

Champ de Mars. — Les faits qui précèdent pourraient donner lieu à de nombreuses conjectures sur l'ancienne importance de Montmartre. Des habitations durent nécessairement se grouper autour des temples élevés sur cette montagne, et les demeures des riches personnages qui construisirent, en ce lieu, leurs maisons de plaisance, y attirèrent sans doute une population nombreuse, dès les temps les plus reculés. Peut-être même les Romains, suivant leur habitude constante d'établir, hors de l'enceinte des villes, les camps de leurs soldats, auront-ils choisi Montmartre pour une de leurs stations militaires. L'isolement de cette montagne, qui dominait au loin Lutèce et les plaines environnantes, en faisait un point stratégique dont l'occupation était essentielle aux conquérants des Gaules. La présence d'un camp expliquerait d'une manière naturelle celle d'un sanctuaire consacré à Mars. Le terrain destiné aux exercices guerriers avait pris le nom du Dieu tutélaire de l'empire et, plus tard, ce nom de Champ de Mars se serait apppliqué aux premières assemblées tenues, en ce même lieu, par les rois de Paris. En effet, la plupart de nos vieux chroniqueurs et romanciers indiquent l'espace compris entre Montmartre et la Seine comme ayant servi de théâtre aux réunions solennelles où les rois mérovingiens convoquaient les leudes et les évêques.. « Là, disent-ils, on voyait paraître, une fois chaque année, dans les jours de décadence de la race de Clovis, un prince, qui n'était plus roi que de nom, traîné dans un charriot attelé de bœufs. Il venait assister à l'assemblée, pour recueillir de vains hommages et recevoir les dons tributaires. Le Maire du Palais seul traitait les affaires publiques avec les chefs religieux et militaires de la nation. » L'opinion du comte de Caylus viendrait à l'appui de cette conjecture. Il reconnaît l'existence de deux temples antiques à Montmartre, et place le Champ de Mars au pied de la montagne.

Une ère nouvelle et une illustration plus certaine commencent pour Montmartre avec le christianisme. Saint Denys, l'apôtre des Parisiens, saint Rustique, prêtre, saint Eleuthère, diacre, et un grand nombre de généreux confesseurs de la foi, dont les noms, ignorés de la terre, sont écrits au livre de vie, répandirent en ce lieu leur sang pour le triomphe du Christ. Frappés deux fois de verges en présence du peuple, les trois saints apôtres furent conduits au temple de Mercure, pour subir une dernière épreuve devant l'autel, et de là traînés au lieu du supplice. « Le saint vieillard Denys courait au devant de « la mort, de peur d'arriver trop tard à la gloire. Après « les avoir rendus témoins des tourments de leurs frères, « dans l'espoir d'ébranler leur pieuse constance, les « bourreaux leur ordonnèrent enfin de fléchir les genoux, « et de présenter leurs têtes au glaive. Ainsi, confessant « le nom de la Trinité, ils méritèrent de consacrer par un « triple martyr le lieu vénérable de leur passion. Ils souf- « frirent cette mémorable et très glorieuse passion, à la « vue de la cité des Parisiens, sur la colline qui se nom- « mait auparavant *Mont de Mercure* parce que cette idole « était particulièrement honorée des Gaulois, et qu'on « appelle aujourd'hui *Mont des Martyrs*, en mémoire des « saints du Seigneur, qui accomplirent en ce lieu même leur martyre triomphal » (1). La croyance invariable de l'église de Paris désigne Montmartre comme le théâtre du martyre

---

1. « Grant Tans avant que ces choses avenissent (le miracle du cerf poursuivi par « Dagobert) qui avindent en l'an de l'incarnacion 629, avoient jà esté martirié « Saint-Denis, Saint Rutiz et Saint Eleutères au pié d'une montagne qui a nom « Montmartre (*alias* qui orendroit est appelée Montmartre) auques près de la cité « de Paris des quiex li uns étoient prestre et li autre Dyacre. Martire souffrirent « desouz l'empereur Domitiens qui secons après Nairon fist tent la persécution aux « crestiens. » Chronique de Saint-Denys. Livre v, Historiens de la France, t. III, 276.

des trois saints, et attribue leur condamnation au préfet Sisinnius Fescenninus. L'époque de ce mémorable évènement est demeurée incertaine. Les écrivains, qui ont cru retrouver dans le premier pasteur de Paris, le Denys aréopagite des Actes des apôtres, fixent sa mort à l'an 64 de la rédemption. Mais ceux qui, éclairés par une plus saine critique, ont pensé devoir baser leurs conjectures sur les récits de Grégoire de Tours et de Sulpice Sévère, plutôt que sur une simple conformité de noms, reportent jusqu'au troisième siècle la date de ce martyre. L'abbé Dubois, auteur d'une histoire ecclésiastique de Paris, regarde comme l'époque précise du supplice de saint Denys le septième jour des Ides d'octobre de l'an 277, et croit, que, venu à Lutèce sous l'empire de Décius, il scella de son sang sa mission divine pendant la persécution excitée dans les Gaules contre les adorateurs du Christ, en vertu de l'édit de l'empereur Aurélien. Cette dernière opinion est celle qui s'accorde le plus exactement avec l'ordre chronologique des faits relatifs à l'église Parisienne. Cependant, les Bollandistes ne pensent pas que saint Denys ait souffert le martyre avant l'année 313 (1).

Nous avons cité souvent le nom d'Hilduin. Il est temps de justifier enfin ce prélat des accusations dont ses œuvres ont été l'objet. Ses détracteurs ont prétendu qu'en écrivant son livre des Aréopagitiques, il avait consulté plutôt son imagination que la réalité des faits, qu'il était à la fois l'inventeur du nom de *Mont des Martyrs* donné à la montagne, et de toutes les circonstances de la passion de saint Denys. Quant au nom de la montagne, il demeure prouvé

---

1. « On tient tout communément que tant à Notre Dame des Champs qu'aux « Martyrs, Saint-Denys disait la messe en cachette... Que les payens le firent rotir « à Saint-Denys du Pas, et enfin aux Martyrs lui enlevèrent la tête, qu'en cet état « il fut à la fontaine de Saint-Denys de Montmartre laver sa tête toute couverte de « sang puis la porta à Saint-Denys. Après s'être reposé plusieurs fois enfin aux en- « droits même où sont placées toutes ces croix que nous y voyons. » Sauval, t. III, p. 54.

qu'elle portait, longtemps avant le IXe siècle, ce nom de *Mont des Martyrs*. La tradition qui attribuait au Pape Clément, successeur immédiat de saint Pierre, la mission de saint Denys, et dont la fausseté se trouve aujourd'hui complètement reconnue, remontait à une époque bien antérieure à Hilduin. Dans un diplôme donné à Valenciennes par Thierry IV, dit de Chelles, la troisième année de son règne, le jour des calendes de Mars (1er mars 725), pour confirmer, sur la demande de Charles, maire du Palais, les immunités de l'abbaye de Saint-Denys, le fait de cette mission est rapporté comme une croyance généralement adoptée dans l'église du VIIIe siècle (1). Hilduin a bien cherché à recueillir dans son livre tout ce qui pouvait rehausser l'éclat de son abbaye, mais peut-on admettre qu'il a composé à plaisir un pieux roman pour satisfaire la dévotion de l'Empereur Louis le Débonnaire? Des auteurs, peu instruits des usages antiques, ont assuré que saint Denys avait souffert la mort avec ses compagnons, dans l'enceinte même de Lutèce, et, qu'Hilduin plaçait, le premier, à Montmartre, le lieu du supplice des trois martyrs. Mais d'après la loi romaine, aucune exécution ne devait se faire dans les murs de la cité. Si la distance de l'Ile, qui renfermait la ville des Parisiens, au *Mont de Mercure*, semble trop considérable pour qu'on puisse supposer que les martyrs aient été conduits aussi loin, cette difficulté trouve une explication naturelle dans l'impression profonde produite par leur emprisonnement sur l'esprit du peuple et par les tentatives faites pour les arracher de leur cachot. Il serait possible aussi que leurs juges les eûssent envoyés à ce temple de Mercure, célèbre dans tout le pays, afin que les ennemis du culte des Dieux expiâssent leur crime au pied des autels. Quelques histo-

1. Ce diplôme est publié dans le Recueil des Historiens de la France, t. IV, p. 702-703.

riens, pensant aussi que le palais, dont les ruines existent encore à Montmartre, servait de maison de plaisance au préfet romain, ont soupçonné que les soldats y avaient traîné les chefs de la religion nouvelle pour obtenir un arrêt définitif de l'autorité du magistrat suprême. D'ailleurs, si l'auteur de l'Aréopagitique avait choisi à son gré le lieu du martyre des apôtres parisiens, il l'aurait sans doute placé plus près de son monastère de Saint-Denys, de manière à en augmenter la gloire, plutôt que de désigner aux hommages des fidèles la colline de Montmartre, dont les églises ne figuraient même pas au nombre des dépendances de l'abbaye.

ACTES DE SAINT DENIS. — Les actes les plus anciens de saint Denys, attribués au célèbre Fortunat, gardent le silence sur les circonstances merveilleuses qui, dans le récit d'Hilduin, accompagnent le martyre du généreux évêque. Mais ne faut-il pas reconnaître, du moins, quelque poésie dans ce drame religieux, où le saint apôtre, frappé du glaive des bourreaux, apparait, offrant lui-même sa tête tranchée par le fer, au Dieu pour lequel il vient de combattre, tandis que les anges, témoins invisibles de ce glorieux supplice, conduisaient, avec des chants de triomphe, jusque dans les palais éternels, les âmes des trois martyrs régénérées par un sanglant baptême (1). De tous temps l'imagination enthousiaste des peuples s'est plu à environner de fictions la mémoire des grands hommes.

MONUMENTS DU MARTYRE DE SAINT DENIS. — Les corps mutilés des saints Denys, Rustique et Eleuthère, furent transportés, après le supplice, dans le bourg de *Catholagum*, par les soins d'une pieuse dame, nommée Catoille. Mais les restes des Chrétiens, qui souffrirent avec eux,

---

1. *Vita Sancti Dionysii, auctore Hilduino*. Patrologie de Migne, tome 106, p. 49.

demeurèrent cachés dans une crypte, dont la découverte, arrivée au commencement du XVIIe siècle, vint ranimer la faveur des peuples pour les fondateurs de l'église parisienne. La description de ce curieux monument trouvera sa place dans la suite de ce récit, quand nous examinerons, sous le rapport archéologique, les édifices religieux de Montmartre. Les premiers chrétiens ne purent honorer d'abord, par aucun signe extérieur, le lieu arrosé par le sang de leurs frères. Mais, dès que Constantin eut donné la paix à l'Eglise, une *Mémoire* consacrée au Christ, sous le nom de ses fidèles serviteurs, s'éleva sur le *Mont du Martyre.* Humble et pauvre à son origine, comme l'oratoire de *Catholagum*, cette chapelle excitait la vénération par ses souvenirs, sans parler aux yeux par sa magnificence. Mais, il est permis de croire qu'au Ve siècle, elle fut restaurée par la pieuse Vierge de Nanterre. Dévouée au culte des martyrs parisiens, Geneviève se rendit souvent au tombeau de saint Denys et fit reconstruire l'oratoire qui renfermait ce monument illustré par de nombreux miracles. Pour se reposer des fatigues du pélerinage, elle s'arrêtait, d'ordinaire, dans le lieu qui porte aujourd'hui le nom de la *Chapelle.* De cette station, ses regards se portaient naturellement sur la cîme de Montmartre. Aussi, même en l'absence de documents positifs à cet égard, on doit regarder comme un fait certain que les mêmes mains, qui avaient rétabli l'autel érigé sur le sépulcre des martyrs, réparèrent la chapelle construite sur le lieu du supplice. Deux siècles plus tard, Dagobert fonda la splendide abbaye de saint Denys et déploya dans la décoration de ce monastère, une magnificence, dont les détails paraissent aujourd'hui fabuleux. Ce prince, qui dans ses diplômes, parle avec honneur du *Mont des Martyrs*, dont le sommet dominait le palais de Clichy, n'a pu dès lors laisser dans l'abandon les monuments de cette montagne, que la mort des saints rendait précieuse aux yeux des fidèles. Il subsiste à peine quelques débris de ces antiques édifices. Mais les titres, de l'origine la plus reculée, d'accord avec les monuments qui se trouvaient encore debout au moment de la Révolution, nous représentent à Montmartre deux enceintes consacrées, l'une, sur le lieu même où saint Denys avait reçu la mort; l'autre, sur la crypte des martyrs.

FAITS HISTORIQUES

Dès les premiers temps de la monarchie, la chronique de Montmartre commence à offrir une suite de faits, dont la certitude est acquise à l'histoire, et dont la chaîne se continue sans interruption jusqu'à nos jours (1).

EGINON A MONTMARTRE. — « La 44e année de son règne, « qui correspond à l'an 627 de l'ère chrétienne, le roi « Clotaire II rassembla dans son palais de Clichy, les « prélats et tous les grands des royaumes tant de « Neustrie que de Bourgogne, pour l'utilité royale et « le salut de la patrie, et là un homme nommé « Ermenhaire, qui était gouverneur du palais de Cari- « bert, fils de Clotaire, est tué par les hommes d'Egi- « non, seigneur de la race des Saxons. Il s'en serait suivi « un grand carnage, si Clotaire ne fut intervenu lui- « même, et n'eût réprimé le désordre par de prudentes « mesures. D'après ses ordres Eginon se retire sur le *Mont « de Mercure*, avec une très grande multitude de combat- « tants. Brodulphe, oncle de Charibert, et ce jeune prince, « ayant rassemblé de toutes parts une armée nombreuse, « se préparaient cependant à fondre sur le meurtrier. « Mais alors, le roi Clotaire commande formellement aux « grands du royaume de Bourgogne d'accabler de leurs

1. Frédégaire chap. 55 (Historiens de la France, tome II, p. 435). Aym. Floriac. hist. (Historiens de la France, t. III, p. 124). Voir la traduction donnée aux chroniques de Saint-Denys. Dom Bouquet, t. III, p. 284.

« forces et de leur impétuosité celui dont les partisans « tenteraient de se soustraire à la décison royale. De cette « manière, Clotaire rétablit la paix entre Eginon et Bro- « dulphe ».

Eglise réparée, ixe siècle. — Jusqu'au ixe siècle, le nom de Montmartre ne paraît plus que dans de rares diplômes, émanés des rois ou des empereurs. Mais, sous le règne de Charles le Chauve, une restauration importante, accompagnée d'un miracle, suivant l'usage du temps, fut exécutée dans l'église du *Mont-des-Martyrs*. La charpente de ce monument, couvert d'après le système adopté dans les premières basiliques, tombait en ruines ; Charles le Chauve la fit rétablir. Le moine anonyme, auteur du *Livre des Miracles* de Saint-Denys, rapporte en ces termes le prodige, opéré en cette circonstance par les mérites du Saint Martyr. « *Comment un cer-* « *tain homme fut sauvé d'une chûte périlleuse.* Pen- « dant l'année où fut descendue, à cause de son extrême « caducité, la charpente de l'église qui s'élève sur le lieu « appelé autrefois, dit-on, *Mont de Mars*, et qui par un « heureux changement, porte aujourd'hui le nom de « *Mont des Martyrs*, comme les ouvriers avaient établi « une sorte de plancher mobile en forme de claie dans les « intervalles des grosses poutres, une de ces poutres se « brisa sous les pieds d'un des travailleurs, et tomba par « terre ; elle aurait entraîné sans doute en même temps « l'ouvrier, si ce malheureux, ce qui arriva d'après notre « croyance par la faveur des très illustres martys, n'avait « saisi dans sa chûte une partie saillante de la claie, qui « suffit pour le soutenir, quoiqu'elle fut d'un bien moin- « dre poids que lui-même. Aussi, ses compagnons attirés « les uns par le fracas de la poutre tombée, les autres par « les cris de leur camarade, dont tout le corps demeurait « suspendu en l'air, s'empressèrent, sans perdre un ins-

« tant, de l'envelopper de cordages et le descendirent en « rendant grâce à la clémence de Dieu » (1).

Le moine de Saint-Denys n'indique pas d'une manière bien précise la date de ce miracle. Mais, il est facile de la fixer approximativement, d'après l'ordre chronologique adopté par cet auteur, et les documents fournis par l'histoire. Dans les années 851 et 861, les Normands brûlèrent toutes les églises situées autour de Paris, à la seule exception de quelques riches monastères, qui se rachetèrent de la destruction à prix d'argent. L'église de Montmartre n'échappa certainement pas à la fureur qui animait les hommes du nord contre les temples du Christ. Les ravages exercés par ces barbares mirent en péril l'existence de l'édifice, dont le temps avait déjà attaqué les murailles, et durent rendre nécessaire une prompte réparation. D'un autre côté, le fait qui nous occupe termine le second livre des miracles de Saint-Denys ; il se passa, l'année même où le moine anonyme mit la dernière main à cette partie de son œuvre, et précéda de très peu de temps un autre prodige, arrivé en 876, dont le récit figure au commencement du troisième livre. Ainsi le rétablissement de l'église de Montmartre a eu lieu, suivant toutes probabilités, entre les années 861 et 876, mais à une époque plus rapprochée de cette dernière date que de la première.

Charles le Gros à Montmartre. — Les travaux, entrepris par ordre de l'empereur Charles, étaient terminés depuis bien peu de temps, quand une armée de trente mille Normands remonta la Seine, et vint mettre le siège devant les murs de Paris, défendu par le comte

1. Liber miraculorum Sci Dionysi ep. paris. lib. 2, cap. 38. Dans Mabillon : Acta Sanctorum Ordinis Sancti Benedicti. Sæculum III, 2a pars, p. 350. Paris, Bilaine, 1672.

Eudes, le vaillant évêque, Gauzelin (1) et le courageux Ebles, abbé de Saint-Denys (2). « Sortis de leurs « vaisseaux, les barbares se répandirent au loin dans les « campagnes, massacrant une multitude de chrétiens des « deux sexes, brûlant les villages, les monastères, les « églises et faisant souffrir au peuple de Dieu tous les « excès d'une fureur sans bornes. La cité des Parisiens qui « était alors la capitale et la clef du royaume de Neustrie « et de Bourgogne, se trouvait étroitement bloquie. « Personne ne pouvait sortir des murs, sans s'exposer à la « mort. Aucun lieu, aucun monastère ne restait intact, « tous les habitants s'enfuyaient désespérés. Il restait à « peine une voix pour crier : Résistez, résistez, défendez « votre patrie et vos enfants; on ne l'écoutait pas. » Le moine Abbon (3), dans un poëme sur le siège de Paris, a tracé un désolant tableau des ravages exercés par les Normands dans les environs de la ville. « De féroces « cavaliers, de sanglants fantassins parcourent les mon- « tagnes, les champs, les bois, les vastes plaines, les « villages; rien n'est épargné, ni les enfants, ni les jeunes « gas, ni les vieillards blanchis par l'âge; les mères tom- « bent expirantes, avec ceux qu'elles ont portés dans leur « sein. Les barbares assassinent les maris sous les yeux de « son épouse; ils livrent à la mort la femme sous les yeux « de son époux; les enfants sont égorgés à la face de leurs « pères, et même de leurs mères. » Cependant, le comte Eudes est sorti des murailles; il va réclamer l'appui de l'empereur Charles le Gros. Bientôt, il revient pour prendre la défense de la ville. « Alors, Eudes, aux armes puis- « santes, brilla sur les sommets de Mars, entouré d'un

1. Annales Mettenses 886, *Hist. de la France*, VIII, 66 D-E, 67, A.

2. La statue de ce prélat vient d'être placée à la façade de l'Hôtel de Ville de Paris.

3. Abbonis Monachi Sancti Germani Parisiensis, De Bellis Parisiacæ urbis..... libri duo. *Hist. de la France*. VIII, 7, B. à D.

« triple escadron de casques étincelants. Le soleil, à un « lever, quittant le vaste lit de l'Océan, frappe leurs bou- « cliers de ses premiers rayons; il salue le héros qu'il « aime, avant de saluer les campagnes. Les citoyens recon- « naissent aussi le protecteur de leurs murs. Mais, pour « lui défendre l'approche des portes de la grande tour, les « Normands (1) traversent les eaux de la Seine, et couvrent « le rivage de leurs bataillons. Leurs efforts sont impuis- « sants. Eudes traverse à cheval les flots de cette multitude « féroce, revient jusqu'au château, dont Ebles lui ouvre « les portes, et ce brillant exploit frappe les barbares de « stupeur (2) ».

Le comte Adelelme, qui avait escorté Eudes jusque sur les murs de Paris, fut poursuivi par les Normands, pendant plus de deux heures ; mais fatigué de leurs attaques, il leur fit éprouver une sanglante défaite, en vue de Montmartre, à l'extrémité de la plaine de Saint-Denys.

Indigne successeur de Charlemagne, l'Empereur redoutait les hommes du Nord et tardait toujours à paraître. Foulques, archevêque de Reims, lui écrivit alors une lettre, qui a été conservée, et dans laquelle le prélat lui peint, avec des couleurs les plus énergiques, les désastres opérés par les barbares, que seconde, dit-il, la trahison d'un grand nombre de chrétiens apostats. Enfin, Charles le Gros se mit en marche, à la tête d'une armée immense. Arrivé à peu de distance de Paris, il commença par faire reconnaître le terrain. L'empereur, dont l'âme était agitée comme une mer que bouleverse le vent du couchant. « Allez, dit-il, à six cents guerriers de la race des Francs, hâtez-vous de chercher, sous les murs de la

---

1. Ils étaient alors campés autour de l'abbaye de Saint-Germain-des-Près.

2. Au Musée de Versailles, dans la grande galerie des batailles, un tableau, peint par Schnetz, représente le comte Eudes dispersant les Normands pour entrer à Paris.

ville, un lieu propre à planter nos tentes. Oseront-ils en ma présence continuer de tels excès?»

« Les ordres du prince sont aussitôt exécutés. Mais, tan-« dis que ses guerriers reprennent la route qui conduit à « la cour impériale, les barbares les poursuivent, et d'épais « bataillons se pressent sur leurs pas. Le combat s'engage ; « la victoire demeure aux Francs : le normand terrassé « fuit ou meurt. La troupe vaincue pénètre dans les tem-« ples voisins des murailles. Alors, deux des vainqueurs, « admirable exploit, entrent dans une église, à la suite des « normands, et n'en sortent qu'après l'avoir remplie de « cadavres ; puis, sautant sur leurs coursiers, ils vont « rejoindre leurs compagnons. Les six cents guerriers « reviennent ainsi, en se faisant, des rives de la Seine aux « sommets de Mars, une route sanglante sur les corps de « trois mille ennemis. La renommée nous apprend que les « deux frères, dont nous avons célébré le triomphe, mar-« chaient sous les ordres des comtes Théodoric et Ale-« dramne. Cependant le prince, dont la puissance est en « ce moment le sujet de nos chants, l'empereur Charles, « paraît, entouré des armes brillantes de mille peuples « divers, comme le ciel quand il resplendit de l'éclat des « astres ; des bataillons de guerriers, qui parlent une foule « de langues diverses environnent le prince ; il plante ses « pavillons au pied du mont de Mars, en face de la cita-« delle des Parisiens. » Mais, Charles, qui, suivant l'expression des annales de Metz, n'avait d'un empereur que le titre, ne sut tirer aucun parti de sa redoutable armée et ne fit rien qui fût digne de sa majesté impériale. « A la vue des Normands le cœur lui manque (1). » Les Normands occupaient alors les deux rives de la Seine. L'empereur exigea qu'ils se retirassent sur la rive gauche, laissant à

1. Ne songeant plus qu'à conclure la paix, et craignant l'approche de l'hiver, il envoya des ambassadeurs au camp des barbares.

ses troupes la plaine comprise entre le fleuve et Montmartre, où se trouvait le quartier impérial. Il fit entrer aussi quelques soldats dans la ville, et donna l'ordre à une partie de son armée de traverser la Seine, afin de garantir Paris de toute attaque du côté du Midi, pendant qu'il délibèrerait snr les conditions du traité. Un parti déplorable prévalut dans son conseil. Les Normands obtinrent une somme immense pour livrer le siège, et furent autorisés à ravager la Bourgogne, pendant l'hiver. Après cette paix honteuse, Charles entra dans la ville, pour placer le prêtre Ancherie sur le siège épiscopal vacant par la mort de Gauzelin, et concéda au comte Eudes la terre de son père Rothbert. « On accorda aux normands, dit le poëme d'Abbon, le « droit de dévaster le pays des Sénonais ; pour retourner « au mois de mars dans leurs royaumes impies, ils reçoi- « vent sept cents livres d'argent. Alors, le froid novembre « couvrait la terre de glace. Ainsi, s'en retourna Charles, « que devait frapper une fin prochaine. » La somme promise aux Normands, fut tirée du Trésor de Saint-Etienne de Metz et des églises de plusieurs autres saints (1).

Il n'est pas possible de croire que l'église de Montmartre ait survécu aux dévastations des Normands. Mais, le récit d'un événement qui en causa la ruine encore une fois, dans la première moitié du xe siècle, prouve qu'elle avait été rétablie avant cette époque. En 944, une redoutable apparition vint épouvanter les habitants de Montmartre (2). Des prodiges terribles annonçaient de toutes parts la colère du ciel. On sentit trembler la terre, en la troisième férie de Pâques, le 16 des calendes de Mai, vers l'heure du chant des coqs, et des pluies d'un aspect sinistre inondèrent les champs jusqu'à la fin de l'été. Pendant la nuit, les émissaires des puissances infernales effrayaient par

1. Annales Bertiniani, *Hist. de la France* VIII, 36 C et D.

2. Chronicon Frodoardi, *Hist. de la France*, t. VIII, 198 A et B.

leurs hurlements le peuple des campagnes. On voyait des globes de feu traverser l'espace, pour venir incendier les maisons ; les croix portées en procession, les prières des évêques, l'aspersion de l'eau bénite, ne suffisaient pas toujours pour détourner le fléau. Enfin, « il s'éleva dans « le pays des Parisiens une tempête terrible ; un tourbil- « lon d'une force surnaturelle renversa de fond en comble « les murailles d'un édifice très ancien, qui avaient été « construites du ciment le plus dur, et s'étaient mainte- « nues longtemps inébranlables sur la montagne qu'on « appelle le *Mont des Martyrs*. On rapporte même que « des démons, paraissant alors en ce lieu, sous la forme « de cavaliers, détruisirent une église, située près de cet « édifice, se servirent des poutres qu'ils en arrachèrent, « pour battre les murs, dont nous venons de parler, et « parvinrent ainsi à les jeter à terre, ils arrachèrent en « même temps les vignes de la montagne (1) et boulever- « sèrent toutes les cultures ». Telles furent, au rapport de Frodoard, les circonstances qui signalèrent la nouvelle destruction de l'église de Montmartre. Aucun renseignement sur sa forme, ni sur l'étendue de cet édifice, n'est arrivé jusqu'à nous. Mais les marbres qui la décoraient, et qui existent encore en partie, dans l'église actuelle, prouvent que sa construction offrait une certaine magnificence. Ses murailles, comme celles des basiliques latines, devaient supporter une charpente composée d'un grand nombre de poutres. Le texte de Frodoard concorde ici parfaitement avec celui de l'auteur des miracles de saint Denys. Les précautions prises lors de la restauration de cette charpente suffisent pour témoigner de son importance.

Deux ans après le renversement (2) de l'église de Mont-

1. Ce curieux détail démontre l'antiquité de la culture des vignes sur les coteaux qui environnent Paris.

2. Gesta Episcoporum Cameracensium, *Hist. de la France*, VIII, 279 C et 280 A.

martre par les démons, une armée allemande vint ravager les environs de Paris. Le roi Louis d'Outremer avait imploré le secours d'Othon Ier contre Hugues le Grand et Guillaume, duc de Normandie. L'empereur fit prendre les armes à ses ducs et à ses princes, et vint d'abord à Paris ; puis, se rendit à Rouen, dévastant tout le pays sur son passage. En 978 (2), les Allemands envahirent de nouveau la France et Montmartre devint le théâtre d'une étrange cérémonie. Le roi Lothaire ayant pénétré en Lorraine et dispersé des ennemis qui ne s'attendaient pas à subir une attaque, était arrivé vainqueur jusqu'au palais d'Aix-la-Chapelle, abandonné sans combats par les troupes impériales. Brûlant de venger une si cruelle injure, Othon II envoya fièrement des ambassadeurs au roi des Francs, pour se plaindre d'une semblable surprise, le prévenant que, sans recourir à la fraude, ni à la ruse, il entrerait en France, aux prochaines calendes d'octobre. Les ducs et les princes de l'empereur, se levant comme un seul homme, jurent de le servir jusqu'à la mort. Au jour fixé, Othon passe la frontière, à la tête d'une armée telle qu'on n'en avait jamais vue auparavant et qu'on n'en vit jamais depuis. Le succès favorisait ses armes, il porta la guerre, avec tous les fléaux qui l'accompagnent, dans les pays de Reims, de Laon, de Soissons, et enfin jusqu'à sur les murs de Paris. Le faubourg septentrional de cette ville devint par ses ordres la proie des flammes. Mais le neveu de l'empereur et beaucoup d'autres guerriers périrent dans le combat livré devant la grande porte de la grande tour, Othon s'était, en effet, vanté d'aller planter sa lance dans la porte de la cité des Parisiens, et se croyant obligé de tenir sa parole, il vint combattre jusqu'au pied des remparts. Satisfait de cette vengeance, il établit son camp sur le *Mont des Martyrs ;* puis pour célébrer avec pompe la

2. Gesta Episcoporum Cameracensium, *Hist. de la France*, VIII, 282-283.

gloire de son triomphe, il fit annoncer par des ambassadeurs à Hugues, alors renfermé dans les murs de Paris, qu'il lui ferait chanter un *Alleluia* de telle force qu'il n'en avait jamais entendu un pareil. Il rassembla donc le plus grand nombre de clercs qu'il fut possible de rencontrer, et leur ordonne d'entonner, en l'honneur de saint Denys, l'*Alleluia* et le *Te Martyrum* (1), sur le lieu qui est appelé le *Mont des Martyrs*. Leurs voix réunies produisirent un effet si étrange que le duc des Francs, Hugues, et tout le peuple des Parisiens entendirent avec stupeur ce chant extraordinaire. Craignant d'être surpris par l'hiver, l'empereur rappela près de lui toute sa cavalerie ; la retraite eut lieu vers le jour consacré au saint apôtre André.

Il est probable que le départ de l'armée germanique fût hâté par l'approche du roi Lothaire, qui s'avançait, avec Henri duc des Bourguignons. Hugues joignit ses troupes à celles du roi. Les Allemands se replièrent en déroute sur Soissons. Lothaire les atteignit au passage de l'Aisne, remporta sur eux une sanglante victoire (2) et les poursuivit, pendant trois jours et trois nuits, jusque dans les défilés de l'Argonne. Les annales de Saint-Bertin assurent qu'en dévastant la France, Othon respecta les biens et les immunités des églises. L'évêque de Noyon, Balderic, prétend même qu'il ne se contenta pas d'épargner toutes les églises, à l'exemple de son père, mais qu'il se fit un devoir de les enrichir par de pieuses offrandes. Sa dévotion pour le saint Martyr Denys ne permet pas de penser qu'il ait renversé l'église de Montmartre. Cependant, s'il faut en croire le récit de Guy de Châlons, ce prince envahit, ravagea et incendia la France, avec une fureur vraiment teutonique. La chronique de Saxe

1. Il est ici question d'un des versets du *Te Deum* : *Te Martyrum candidatus laudat exercitus.*

2. Ce glorieux combat termine, dans les galeries du musée de Versailles, la série des victoires carlovingiennes.

rapporte aussi que les troupes allemandes se livrèrent aux plus horribles excès, et dévastèrent les églises des Saints avec tant de fureur, qu'un reclus, pieux serviteur de Dieu, leur prédit qu'aucun des auteurs de ce sacrilège, ne prolongerait sa vie au delà de sept ans.

Après tant de calamités, l'église de Montmartre vit arriver enfin des jours moins malheureux. Nous touchons à l'époque de la fondation de cette royale abbaye, qui, pendant plusieurs siècles, couronna le sommet de la montagne. L'histoire ne nous apprend pas quel fut le sort de Montmartre, depuis le règne de Lothaire jusqu'à celui du troisième successeur de Hugues Capet. On doit croire que les chrétiens effrayés de la venue prochaine de l'an mil qu'ils regardaient comme l'époque inévitable de la consommation des siècles, ne s'occupèrent point alors de conserver cette église. En ce temps, au rapport de Raoul Glaber, on laissait de toute part tomber les temples de Dieu et les habitations des hommes, sans s'inquiéter d'y faire des réparations, que la destruction du monde devait bientôt rendre inutile. Les peuples étaient dans l'attente du jour fatal, et personne n'avait le courage de prendre soin des affaires temporelles, mais, quand le terme, objet de tant de frayeurs fut dépassé, « le monde se réveilla de « son engourdissement, la terre se couvrit toute entière « d'une blanche robe d'églises et de monastères. » L'église de Montmartre, vit sans doute alors relever ses murailles. Il existe encore des titres authentiques de la fin du onzième siècle, qui constatent à la fois l'existence de l'église élevée sur le haut de la montagne, et celle de l'oratoire que l'on appelait la chapelle du Saint-Martyre.

Le XIe siècle fut, d'après le témoignage de l'histoire, un des plus fertiles en fondations religieuses ; les rois et les seigneurs, à leur exemple, s'empressaient de se concilier par de riches donations la faveur du clergé. Fondé par Henri Ier, augmenté par son successeur Philippe, le prieuré de Saint-Martin-des-Champs, passait, à cette époque pour un des sanctuaires les plus vénérables de la cité de Paris. Le nom du saint évêque de Tours, et la renommée de ses continuels miracles, attiraient en ce lieu les libéralités des puissants du siècle. Aussi, en 1096, un certain chevalier, nommé Wautier Payen, songeant au salut de son âme, s'efforça de mériter la protection du grand thaumaturge Martin, par le don qu'il fit aux moines de la terre de Monmartre, tenue par lui en fief de Bouchard IV, seigneur de Montmorency. Dom Marrier, dans son histoire du prieuré royal de Saint-Martin-des-Champs, nous a conservé le texte des chartes relatives à cette donation. Elles renferment des détails trop curieux pour qu'il soit permis de les abréger. En voici la traduction littérale.

« Un noble homme et vaillant chevalier, appelé Payen « dans le siècle, Wautier, en son nom de baptême, et sa « femme, appelée Hodierne au baptême, Comtesse dans le « monde, voulant imiter les exemples de nos pères, ont « donné en toute propriété de leurs possessions à l'église « du bienheureux Martin des Champs, l'église située sur la « montagne dite le *Mont des Martyrs*, à savoir l'autel, la « nef (?), le lieu de sépulture, autant de bâtiments qu'il en « faudrait pour les offices des frères, le tiers de la dîme, la « troisième partie des habitants, et la moitié d'un labou- « rage de charrue. Cette donation a été faite publiquement, « dans ladite basilique du bienheureux Martin ; l'acte qui « le constate, a été déposé sur le très saint autel par ledit « Payen et sa femme, en présence des témoins dont les « noms suivent. »

La nomenclature de ces noms n'offre d'intéressants que ceux de Pierre et de Walon, chevaliers de Payen ; ce qui prouve que le vassal de Bouchard de Montmorency était lui-même assez puissant pour avoir des chevaliers au nombre de ses propres vassaux. « En conséquence de ladite « donation, le Dieu tout puissant, qui a la prescience de

« toutes choses futures, voulant que l'église possédât les « biens donnés en paix et sans aucun trouble amena par « une disposition vraiment divine, dans l'église du bien- « heureux Martin dite des Champs, Burcard de Montmo- « rency, seigneur du bénéfice, dans lequel se trouvait « compris le don fait par Payen et Hodierne, lequel don « il concéda volontiers et librement à Dieu et aux sei- « gneurs moines qui sont les religieux de Cluny, servant « le seigneur en ce monastère ; il déposa l'acte sur l'autel « sacré du même Saint-Martin, qui est le principal autel « de la basilique, en présence de tous ceux qui se trou- « vaient dans l'église. De cet acte furent témoins les che- « valiers de Burcard, qui étaient venus avec lui et qui « approuvèrent volontiers ce pacte. Fait sous le règne de « Philippe, Hugues étant l'abbé de Cluny, Ursion, prieur « de Saint-Martin, Guillaume, évêque de Paris, l'an de « l'incarnation du seigneur M. XCVI, Indiction IV. Que celui « qui enlèverait lesdites possessions à la dite église soit « anathême. »

La donation de Wautier Payen fut augmentée, du temps du prieur Thibaut, par Adam de Vignerolles et sa femme, qui cédèrent au monastère un sixième des dîmes de Montmartre, afin de compléter ainsi aux moines, qui en avaient déjà reçu un tiers, la moitié de la dîme totale.

CHAPELLE DU SAINT-MARTYRE. — Peu de temps par l'approbation donnée par le seigneur de Montmorency aux pieuses libéralités de son vassal, le prieur Ursion fit, au sujet de la chapelle des Saints Martyrs, un arrangement, dont nous allons rapporter les termes, et qui constate l'existence de cet oratoire, dès lors bien distinct de l'église paroissiale. « Nous voulons faire connaître « ce qui suit à nos contemporains et à nos successeurs. « La petite église, qui se trouve dans la colline du « *Mont des Martyrs*, et que le vulgaire appelle le Saint

« Martyre (Sanctum Martyrium), appartenait autrefois à « des laïcs, qui pour l'absolution de leurs péchés, et afin « d'acquérir le salut de leurs âmes, la donnèrent à Dieu, à « Saint Martin des Champs, au seigneur Ursion prieur, et « aux seigneurs moines du même lieu. Or le seigneur « Ursion, du consentement des Moines, et sur la demande « des laïcs, a concédé toutes les oblations, qui pourraient « être apportées en cette église, à Bernard laïc, pour la « durée de sa vie moyennant un cens de dix sous payable « chaque année, en la fête de St-Jean-Baptiste, à condition « toutefois qu'au jour de la mort du dit Bernard, les dites « oblations reviendroient à St-Martin, et que tous les biens « dont Bernard se trouvera possesseur, au moment de son « décès, seroient laissés par lui pour le repos de son âme au « bienheureux Martin. Et tant qu'il vivra, il fera célébrer la « messe en la dite église deux ou trois fois chaque semaine. »

Par une bulle datée de l'an 1097, le pape Urbain II, approuva toutes les donations faites aux Moines de Saint-Martin, entre autres celle de l'église du Mont des Martyrs. L'année suivante, qui était la seconde de son épiscopat, et la 38e du règne de Philippe Ier, Guillaume évêque de Paris, investit pleinement les religieux du droit de percevoir les dîmes de Montmartre.

Cependant, les moines ne jouirent pas tranquillement de leurs biens. Bouchard de Montmorency ne tarda pas à leur contester les terres qui dépendaient de son fief, et que ses hommes avaient données à Saint-Martin. Après de longues querelles, un accord fut enfin conclu, en 1124, la seizième année de Louis VI, par l'entremise d'Etienne, qui venait de monter sur le siège épiscopal de Paris, et qui remplissait auprès du roi les fonctions de chancelier. Bouchard confirma toutes les donations de ses vassaux et fit lui-même quelques libéralités au monastère. Mathieu, troisième prieur de Saint-Martin, lui abandonna en échange tout ce que les moines possédaient à Dugny.

Les actes que nous venons de citer, et qui faisaient partie du cartulaire des moines de Saint-Martin, sont les premiers monuments authentiques qui établissent une distinction précise entre les deux édifices religieux de Montmartre, l'église située sur le sommet de la montagne, et la chapelle construite sur la colline du *Mont des Martyrs* ; c'est-à-dire sur un premier plateau qui regarde Paris et forme en effet comme une colline sur le flanc méridional de la montagne.

L'Eglise, la Chapelle. — Ainsi, dès le XIe siècle, il existait à Montmartre une église destinée au culte paroissial, composée d'une nef et d'un sanctuaire, accompagnée d'un lieu de sépulture, et une autre chapelle moins importante, entretenue par les offrandes des fidèles, dans laquelle il suffisait de faire célébrer deux ou trois messes par semaine, pour satisfaire à la piété des pélerins, et dont le patronage pouvait être confié sans inconvénient en des mains laïques. Les détails, donnés par les chartes de Saint-Martin sur le premier de ces édifices, s'appliquent évidemment à une église curiale, tandis que les autres ne peuvent convenir qu'à un simple oratoire de dévotion. Dès le commencement du douzième siècle, dans une bulle accordée, en 1119, aux religieux de Saint-Martin, le pape Calixte II, fait mention expresse de l'église de Saint-Denys du *Mont des Martyrs*, et de la chapelle appelée du *Saint Martyre*. Mais si les premiers titres relatifs à ces monuments ne remontent pas au delà du XIe siècle, ce serait cependant une erreur de ne pas reconnaître à ces deux églises une origine beaucoup plus ancienne. La présence de crypte dans l'église basse, le nom même du *Saint Martyre*, *Sanctum Martyrium*, qui correspond exactement au mot *confession* usitée dans l'église latine primitive pour désigner les tombeaux des martyrs, la tradition constante du clergé de Paris, le culte dont ce lieu fut l'objet pendant un si grand nombre de siècles, assurent à cet édifice une antiquité, dont il est impossible de préciser la date, mais qui doit remonter à l'établissement même du Christianisme dans les provinces septentrionales de la Gaule. D'un autre côté, l'importance de Montmartre, que nous avons reconnue sous la domination romaine et qui dut nécessairement y faire établir une des premières paroisses du pays des Parisiens, les détails transmis par le moine de Saint-Denys et par Frodoard sur cette église, déjà ancienne au IXe siècle et située au sommet de la montagne, suffisent pour démontrer l'existence de l'église haute à une époque très reculée.

La fondation de la chapelle du *Saint Martyre* a probablement précédé celle de l'église paroissiale. Mais celle-ci prit toujours de nouveaux accroissements à mesure que s'augmenta la population du bourg et porta longtemps le titre d'abbaye, tandis que la chapelle ne reçut une extension un peu importante que dans les premières années du XVIIe siècle, au moment où elle devint à son tour l'église principale du monastère.

La reine Adélaïde fonde l'Abbaye. — Les moines de Saint Martin des Champs ne conservèrent pas longtemps la possession qu'ils tenaient du Chevalier Wautier Payen. On ignore s'ils fondèrent à Montmartre un établissement religieux. Mais comme, en l'absence de documents écrits, l'état actuel de l'église prouve jusqu'à l'évidence qu'ils y ont fait exécuter des réparations considérables, il faut penser que ce lieu leur semblait propre à une semblable destination et qu'ils formèrent au moins le projet d'y élever un nouveau prieuré sous le patronage de celui de Saint-Martin. La terre, les dîmes et les églises de Montmartre restèrent à peine trente-sept ans sous leur dépendance. Adélaïde de Savoye, femme du roi Louis VI, touchée d'une vive dévotion pour le culte des martyrs parisiens, désirait honorer le lieu de leur supplice par la construction d'une abbaye, dans laquelle des vierges consacrées au Christ viendraient invoquer à jamais le nom du Seigneur par les mérites du Saint évêqûe Denys et de ses glorieux compagnons. Mais avant d'entreprendre l'exécution de ce pieux dessein, il était nécessaire d'obtenir le consentement des moines de Saint-Martin, devenus propriétaires de la seigneurie de Montmartre. Le prieur et les religieux s'empressant de seconder les intentions de la reine, cédèrent sans difficultés, en 1133, tout ce qu'ils possédaient sur la montagne, l'église, la chapelle, une terre appelée la culture Morel, leurs droits de dîmes et la maison de Guerry le changeur, située près de la porte de Paris. Ils reçurent en échange l'église de Saint-Denys de la Châtre, comprise dans l'enceinte de la ville et qu'Henri, fils du roi Louis VI, gouvernait alors à titre d'abbé. L'année même de la cession, Hugues, abbé de Cluny, approuva les conventions faites à cet égard, donnant son entier consentement à ce que des religieuses fussent substituées aux moines, dans la possession de tous les biens dont le prieuré de Saint-Martin jouissait alors à Montmartre.

La charte de la fondation de la nouvelle abbaye fut dressée dans le Palais de Paris, l'an de l'Incarnation 1134, la 27e année du règne de Louis VI et la 3e du règne de son fils associé au trône Etienne étant chancelier du royaume, en présence du roi, de la reine, de Louis le jeune, de Raoul, Comte de Vermandois, maître d'hôtel, de Guillaume, bouteillier, de Hugues, connétable et de Hugues, camérier. « Pour le remède de son âme et de celle de ses prédécesseurs, à la prière et par le conseil d'Adélaïde, sa très « chère épouse, avec le consentement de Louis son fils, « déjà élevé à la dignité royale, le roi a fait construire, « d'après l'inspiration de Dieu, une église et une abbaye « sur le Mont appelé *Mont des Martyrs* ; il donne en perpétuelle propriété à cette église et aux Saintes filles, qui

« y servent le Seigneur, le village de *Menus*, situé en face « du bourg de Saint-Cloud, avec toutes ses dépendances, « telles que les vignes, les prés et le bois pour l'usage du « monastère ou des hommes qui lui appartiennent, un « moulin situé à Clichy, avec la conduite d'eau et la moû- « ture de tout le village, un four possédé jusqu'alors par « le roi dans la ville de Paris avec tous les usages y affé- « rents, une charretée de bois mort, à prendre chaque « jour dans la forêt de Vincennes, la maison de Guerry « le changeur, construite près la porte de Paris, avec les « étaux et les échoppes y établis, libres de toutes charges « et mouvances, Guillaume de Senlis, bouteillier de France, « à qui appartenait la justice de ce lieu, ayant reçu en « échange un étal et deux échoppes, le droit d'avoir à « Paris quatre hommes libres de toutes charges et de tous « services, le droit de pêche en la rivière de Seine à son « passage dans Paris, dix arpens de prés au territoire de « Chelles, un bois près de Melun, avec le droit d'avoir un « bateau destiné à en porter les produits jusqu'à Paris, et, « pour conduire ledit bateau, un homme affranchi de toute « exaction, taille ou chevauchée, lequel après sa mort ou « en cas de renvoi par suite de négligence, dans l'accom- « plissement de ses devoirs, devrait être remplacé par un « autre. une maison et une terre à Bry, au diocèse de « Senlis, le village de Torfou au pays d'Estampes, enfin, « plusieurs autres terres, moulins, lieux d'habitation de « moindre importance, situés en divers endroits du « royaume et des possessions considérables en Gâtinais ». Par une autre, charte datée de la même année que la précédente et toujours sur la demande de la reine Adélaïde, Louis VI voulut ajouter à tous ses dons toute la terre qu'il possédait au *pré Hilduin*, avec Gervais de Châteaufort. Ce seigneur obtint en échange de sa portion, du consentement de la comtesse sa femme, une vigne située au territoire de Bagneux. Dans cettte nouvelle chartre l'abbaye de Montmartre est désignée sous le nom d'Eglise de *Saint Denys du Mont des Martyrs*. Le village du *pré Hilduin*, dont nous venons de parler, quitta peu après sa première dénomination, pour recevoir celle de Bourg-la-Reine, en mémoire, dit-on, de la pieuse Adélaïde. A la même époque, Mahaut, fille d'Eustache, comte de Boulogne et première femme d'Etienne, roi d'Angleterre, donna aux religieuses cinq milliers de harengs, à prendre chaque année dans le port de Boulogne-sur-Mer.

La maison de Guerry le changeur, comprise dans l'acte de fondation fut dès l'origine un des domaines les plus importants de l'abbaye. Le terrain qui en dépendait, renfermait alors les seuls étaux, dans lesquels il fut permis aux bouchers de Paris de vendre la viande et les redevances que ceux-ci payaient au propriétaire de ce lieu, devaient s'élever à une somme considérable. D'autres donations de maisons et de terrain, situés dans le voisinage de la maison du changeur Guerry, vinrent en augmenter encore la valeur. Aussi pendant longtemps, les religieuses tirèrent-elles un de leurs principaux revenus de leurs droits de propriété sur la place de la grande boucherie de Paris.

Quant aux concessions faites à l'abbaye dans les forêts royales, les princes s'empressèrent de les racheter. Dès l'an 1182, les religieuses renoncèrent à leurs droits d'usage de la forêt de Vincennes; elles obtinrent à titre de récompense, du roi Philippe Auguste la dîme du village d'Auvers, avec une maison destinée à en recevoir les produits. La donation du village de Menus comprenait pour les religieuses, le privilège de faire enlever chaque jour dans la forêt de Rouvray (c'est aujourd'hui le bois de Boulogne) deux charretées du bois mort, qui serait resté après le passage de la charrette appartenant aux moines de Saint-Denys. Les habitants de Menus jouissaient aussi de la faculté de prendre le bois mort, qu'on pouvait recueillir sur les arbres au moyen d'un crochet, de couper pour leur usage la bruyère et le genêt, excepté toutefois dans les taillis trop jeunes pour se défendre seuls contre les atteintes des bestiaux, enfin, de faire paître leurs bœufs dans les bois assez forts pour ne point avoir à souffrir de la dent de ces animaux. Le roi Louis éteignit tous ces droits onéreux, en 1236, et donna aux religieuses, en dédommagement, une rente de dix livres parisis, sur la prévôté de Paris, pour acheter le bois qui leur serait nécessaire. Cependant elles conservèrent, jusqu'au règne de Henri II, certains droits dans la forêt : le principal était un droit de justice sur quarante arpents de terrain qui en faisait partie. Aussi, quand ce prince voulut enclore de murailles son bois de Boulogne, il désintéressa les religieuses par la cession des bois de Mesnières-en-Brie.

Richement dotée par le roi, par les seigneurs de la cour, et même par de simples bourgeois, l'abbaye de Montmartre eut bientôt couvert de ses bâtiments spacieux le sommet de la montagne. Les religieuses, qui en prirent possession, suivirent la règle de saint Benoît. Leur abbesse substituée aux prieurs de Saint-Martin, devint Dame de Montmartre, elle en posséda pleinement la seigneurie, la justice, la dîme, le pouvoir temporel tout entier ; elle entra même en partage du pouvoir spirituel, par son droit à nommer à la cure du bourg. Dans les chartes les plus anciennes, l'abbaye porte indifféremment le nom de *Sainte-Marie* et de *Saint-Denys du Mont-des-Martyrs.*

La première abbesse de Montmartre fut tirée de l'abbaye de Saint-Pierre de Reims ; elle se nommait Adélaïde. Son gouvernement dura si peu de temps que la plupart des auteurs ecclésiastiques ne l'ont point comprise dans leurs catalogues. En effet, trois ans après la fondation du monastère, elle n'exerçait déjà plus les fonctions d'abbesse. Cependant, le nécrologe des moines de Saint-Denys de Reims en fait mention expresse « *le jour des nones d'avril, mourut Adélaïde, première abbesse du Mont-des-Martyrs, religieuse de Saint-Pierre.* »

Christine de Courtebrone dirigeait l'abbaye de Montmartre, en 1137, quand Louis le jeune, roi de France et Duc d'Aquitaine confirma les donations de son très glorieux père, et mit la dernière main aux bâtiments construits. Nous avons vu Louis VI rappeler dans la charte de fondation qu'il avait entrepris la reconstruction de l'église ; ce monument fut achevé par son successeur. Il devait être terminé en 1147. Car, cette année, le pape Eugène III, après avoir célébré la fête de la résurrection dans l'abbaye Saint-Denys, vint, le mardi suivant, faire la dédicace de la nouvelle église de Montmartre. Cette cérémonie offrit une réunion imposante d'illustres personnages. La reine fondatrice et le roi son fils s'y trouvèrent, accompagnés d'une cour nombreuse. Le pape offrit lui-même le sacrifice divin ; « Saint Bernard, abbé de Clairvaux, remplissait auprès du « pontife le ministère de diacre, et Pierre le vénérable, « abbé de Cluny, celui de sous-diacre. On conserva long-« temps, dans le Trésor de l'abbaye, les ornements qui « avaient servi au Pape et à ses assistants. L'église était « partagée, dès lors, en deux parties distinctes, l'abside, « réservée spécialement aux offices des religieuses, qui fut « dédiée à Notre-Dame et à Saint-Denys, et la portion « antérieure de la nef, où s'éleveit l'autel paroissial, qui « fut placé sous l'invocation de saint Pierre, le dimanche « d'après l'ascension de la même année 1147. » Eugéne III se rendit encore une fois à Montmartre pour consacrer le grand autel des religieuses. Dans une bulle donnée à Meaux, peu de temps après, le jour des Ides de juin, le pape expose les motifs qui le décidèrent à célébrer lui-même cette cérémonie, et fait connaître les indulgences dont il enrichit le monastère, en cette circonstance solennelle. « L'autorité de notre charge, dit-il, nous fait un « devoir de chérir les lieux vénérables, de protéger les

« personnes qui s'y sont vouées au divin Service, et de « pourvoir à leurs besoins avec une paternelle sollicitude. « A ces causes prenant en considération l'instante demande « des sœurs du Mont des Martyrs, nous avons favorisé ce « lieu même de notre présence, le jour des calendes de « juin, l'an de l'incarnation du Seigneur 1147, et là, ayant « invoqué la grâce et l'Esprit saint, nous avons consacré, « avec l'aide de Dieu, le grand autel en l'honneur des « saints martyrs Denys, Rustique et Eleuthère. Quant à « ceux qui, par motif de dévotion et de piété, visitèrent « alors cette église, ou la visiteront à l'avenir, le jour « anniversaire de la dite consécration, et employeront à « faire des largesses aux religieuses les biens qu'ils auront « reçus de la bonté divine, nous leur accordons sept jours « d'indulgences sur les pénitences qui auraient pu leur « être imposées, nous confiant aux mérites des bienheu- « reux apôtres Pierre et Paul, et nous avons confirmé cette « concession par la force du présent écrit. »

Patrons. — Mabillon semble avoir commis une erreur, dans ses annales de l'ordre de saint Benoît, au sujet des cérémonies accomplies par le pape Eugène dans l'abbaye de Montmartre. D'après le savant bénédictin la partie de l'église, destinée aux religieuses, aurait été dédiée à saint Pierre, et la portion occupée par les paroissiens à saint Denys et à la Vierge. Cependant, tous les titres conservés dans l'ancien cartulaire de l'abbaye, ou rapportés par les divers auteurs qui ont écrit sur ce sujet, sont en opposition directe avec ce système. L'abbaye porte toujours le nom de Sainte-Marie ou de Saint-Denys du Mont des Martyrs, tandis que, depuis un temps immémorial, saint Pierre est regardé comme le patron de la paroisse. La première erreur en a causé une seconde du même genre. Mabillon place dans la chapelle du saint Martyre l'autel consacré par le Pape sous le titre de Saint-Denys. Mais les termes de la bulle du Pontife s'appliquent évidemment à l'autel principal du monastère, et, d'après l'observation judicieuse de l'abbé Lebeuf, la chapelle n'étant pas assez vaste pour contenir plusieurs autels, l'expression de *majus altare, autel majeur*, ne peut convenir qu'à l'autel de l'église abbatiale qui en contenait au moins deux comme nous l'avons déjà prouvé.

Tandis que l'abbesse Christine gouvernait les religieuses de Montmartre, plusieurs papes lui adressèrent des bulles pour confirmer la fondation et les privilèges de l'abbaye. Innocent II, par une bulle donnée à Pise, le jour des calendes d'octobre de l'an 1137, prit le monastère sous sa protection apostolique. Eugène, en 1140 (Innocent II siégeait encore en 1140), Lucius II, en 1144 ; Eugène III, en 1147, assurent aussi, par des bulles semblables, l'appui de la cour pontificale aux sœurs de Saint-Denys du Mont-des-Martyrs. Quelques donations nouvelles vinrent accroître, dans le même temps, le domaine de l'abbaye.

Dons. — En 1147, l'année où le roi Louis reçut le signe de la sainte croix, le prêtre Robert légua une rente de dix sous. Eustache, Cécile et Hildeberge de Courtebrone donnèrent une partie de leur patrimoine, en considération de l'abbesse de Saint-Denys du Mont-des-Martyrs, Christine, qui était leur sœur. Héritier de l'affection de son père pour Montmartre, et toujours prêt à seconder les pieux désirs de la reine sa mère, Louis VII abandonna aux religieuses le verger royal de Saint-Léger, avec un étang et un moulin. L'époque de la mort de l'abbesse Christine est inconnue. On sait seulement qu'en l'année 1153, elle était remplacée par une religieuse nommée *Ada* ou *Adèle* (1).

Droits sur la Boucherie de Paris. — Ce fut à l'abbesse

1. Nommée *Ada*, dans des chartes de 1153, 1160, 1165; et *Adèle*, dans une charte de 1159. (Archives du royaume).

Adèle que le roi Louis adressa une charte très importante, au sujet des droits de l'abbaye sur la grande boucherie de Paris. Après avoir rappelé, dans le préambule, la magnificence déployée par son père pour la construction du monastère de Montmartre, et l'attachement que lui inspirent à la fois pour le couvent des Martyrs la qualité des fondateurs et la pieuse régularité des sœurs réunies en ce saint lieu, il expose que, s'il doit pourvoir aux intérêts de l'abbaye, il regarde aussi comme une obligation de prendre en sérieuse considération l'utilité générale de la ville de Paris. En conséquence, après avoir obtenu le consentement de l'abbesse Ada et de la communauté confiée à ses soins, il assigna aux religieuses, sur la corporation des bouchers, trente livres de rente payables en quatre termes égaux, les jours de Noël, de Pâques, de saint Jean-Baptiste et de saint Denys, pour les dédommager ainsi de leur renonciation à une partie de leurs droits sur la vente des viandes de boucherie. En effet, la maison de Guerry le changeur, qui ne rapportait par elle-même qu'environ trente sous par an, était devenue pour les religieuses la source d'un revenu considérable. D'après d'anciens règlements dictés peut-être par des motifs de salubrité, les bouchers ne pouvaient exposer leurs marchandises qu'en ce lieu situé près de la porte de la ville. Vingt-trois échoppes avaient été construites sur le terrain dépendant de la maison de Guerry, et sur un emplacement voisin donné aux sœurs par un autre changeur nommé Herthem. Obligés de s'établir dans ses échoppes, les bouchers payaient à l'abbaye une forte redevance. Des plaintes furent adressées au roi par les bourgeois de Paris sur l'inconvénient qui résultait de l'éloignement des boucheries, et le prince fit droit à leurs réclamations, en interposant son autorité auprès des religieuses. Plus tard, de vives discussions s'élevèrent entre la communauté des bouchers et l'abbaye. Philippe-Auguste y mit un terme en 1210, à la prière de l'abbesse Elisabeth ; la rente imposée aux bouchers fut portée à la somme de cinquante livres payables aux mêmes termes, sous peine d'amende en cas de retard. Les bouchers demeurèrent dès lors en possession des étaux qui avaient appartenu aux religieuses, à condition d'entretenir les bâtiments.

Elargissement de la rue du Petit Pont. — La charte de Louis le Jeune, que nous venons de citer, nous apprend encore que l'abbaye de Montmartre était propriétaire en 1153, d'une maison située à Paris dans la rue du Petit-Pont, et qui fut acquise par le roi pour l'élargissement de la voie publique. Cette rue du Petit-Pont devait être presque impraticable à cette époque, puisqu'au bout de sept siècles elle vient à peine d'atteindre une largeur suffisante.

Mort de la reine Adélaïde, sa retraite, son testament. — La reine Adélaïde, la fondatrice de l'abbaye, mourut à Montmartre, en 1154. Elle était fille de Humbert II, comte de Savoye, et de Gisle de Bourgogne. Mariée au roi Louis VI, elle lui donna sept fils et une fille. L'histoire a conservé le souvenir de la sollicitude maternelle de cette princesse, qui se plaisait à élever elle-même ses enfants. Après avoir vécu vingt-deux ans avec un premier époux dans l'union la plus parfaite, elle devint veuve, en 1137, et se remaria du consentement de son fils, avec Mathieu, seigneur de Montmorency, qui succéda, en 1138, à Hugues de Chaumont dans la dignité de connétable. Le sire de Montmorency était lui-même alors veuf de sa première femme, Aline, fille de Henry, roi d'Angleterre. La reine Adélaïde, malgré son second mariage, conserva son titre et ses honneurs. Dans toutes les chartes qu'elle souscrivit avec son nouvel époux, elle prit la qualité de reine et son nom fut toujours placé le premier : *Adela regina et Dominus Matheus maritus ejus* ; *Ego Adela regina et vir meus Dominus Matheus*. Quand elle souscrivit des chartes émanées de l'autorité royale, son nom parut immédiatement après celui du roi son fils. Ainsi, en 1142, elle signa comme reine, après son fils, une charte relative au prieuré de Saint-Martin des Champs, tandis que le nom du connétable n'y figura qu'au sixième rang. Pendant la croisade entreprise par le roi, elle concourut à l'administration du royaume avec Suger, Raoul de Vermandois et le connétable. Vers l'an 1153, Adélaïde songeant à terminer saintement sa vie, se retira au milieu des sœurs de Montmartre, après y avoir été autorisée par son mari. Elle mourut presque sexagénaire l'année suivante ; une charte de Louis VII apprend qu'elle avait reçu l'habit religieux. A ses derniers moments, elle donna au monastère la terre de Barbery, située près de Senlis. Mais, comme ce bien ne lui appartenait qu'à titre de douaire, elle envoya vers son fils, pour le prier de confirmer ses dispositions testamentaires.

Sépulture de la reine Adélaïde. — En décrivant l'église de Montmartre, nous parlerons des monuments érigés en mémoire de cette princesse. Mathieu de Montmorency survécut environ six ans à la reine Adélaïde. Il en avait eu une fille, appelée Alix, qui fut mère du fameux Gaucher de Châtillon.

Louis VII ratifie les donations de sa mère. — Louis VII se rendait à Saint-Jacques de Compostelle, où il avait fait vœu d'aller en pélerinage, quand il apprit la mort de la reine. Dès qu'il eut accompli son voyage, il s'empressa de venir à Montmartre prier sur le tombeau de sa mère, il rectifia de la salle du chapitre des religieuses, la donation qui leur avait été faite de Barbery, espérant, dit-il, obtenir ainsi la miséricorde divine pour les âmes de son père, de sa mère, de son frère, le roi Philippe, et pour le salut de la sienne, quand il plairait au Seigneur de le tirer de ce monde. Il paraît qu'une portion de la terre de Barbery avait été concédée par la reine Adélaïde à un certain Pierre Cotus. Poussées par le désir de posséder en totalité ce riche domaine, les religieuses obtinrént du roi, en 1155, une charte dont les dispositions semblent vraiment singulières : « Considérant que les hommes du siècle, par « oubli de la charité, recherchent toujours leur intérêt, « sans avoir égard à la justice ; que d'ailleurs il convient « que les personnes vouées à la vie religieuse, et surtout « les femmes consacrées à Dieu, n'ayent aucune communi- « cation avec des laïcs ; le roi Louis, en vertu de son au- « torité suprême, dans la cour plenière tenue au palais de « Senlis enlève à Pierre Cotus, pour le donner aux sœurs « du Mont des Martyrs, une terre que celui-ci possédait à « Barbery et qu'il tenait à titre gratuit de la seule munifi- « cence de la reine Adélaïde ».

Libéralités de Louis VII. — Louis VII ne négligea aucune occasion d'enrichir l'abbaye. En 1158, il permit aux religieuses de prendre, chaque jour, à Vincennes, en dehors des fossés des Bons hommes de Grammont, autant de bois mort que pourrait en contenir un char attelé de deux chevaux et défendit à ses hommes d'inquiéter en rien les serviteurs du monastère. Dans toutes ses chartes relatives aux privilèges de Montmartre, ce prince témoigne pour l'abbaye une prédilection toute spéciale. « Si nous devons « amour et protection à toutes les églises de notre royaume, « il nous convient cependant de chérir avec une bien plus « vive affection l'église du Mont des Martyrs, où l'on sait « que le patron de la France, le bienheureux Denys, a « souffert le martyre, où mon père le roi Louis a doté « magnifiquement un monastère élevé par ses soins pour « des vierges consacrées au service de Dieu, où ma mère, « la reine Adélaïde, devenue humble religieuse, est sortie « de ce siècle, au milieu du collège des saintes femmes,

« laissant son âme au Seigneur et son corps au tom-
« beau ».

Constance, comtesse de Toulouse. Ses donations. — Constance, sœur de Louis VII et femme de Raymond VI, comte de Saint-Gilles, signale, comme son frère, sa dévotion pour l'abbaye de Montmartre par de nombreuses libéralités. Pour le repos des âmes de ses ancêtres et son propre salut, elle consacra aux réfectoires des religieuses une rente de 25 sous et 6 deniers, à prendre sur un bien situé à Montreuil. Le misérable état de l'infirmerie excita aussi sa charité. Les religieuses malades ne pouvaient aller au réfectoire partager la nourriture commune et souffraient d'innombrables privations *(penurias innumerabiles)*. C'était afin de venir à leur secours que l'abbesse Adèle avait vendu au roi moyennant 25 sous de cens, la maison de la rue du Petit-Pont; mais cette faible ressource ne suffisait pas pour leur procurer le soulagement nécessaire. La comtesse de Saint-Gilles voyant la plupart des religieuses atteintes de maladies, prit pitié des misères dont elle avait sous les yeux l'affligeant spectacle ; et, dans l'espoir de mériter par ses bienfaits une part dans les jeûnes et dans les prières de la congrégation, elle donna pour l'infirmerie dix sous et neuf deniers de cens assis à Aubervilliers, avec la justice de la terre sur laquelle pesait cette redevance : à ce premier don elle ajouta un moulin qu'elle avait acquis à Clichy des religieuses d'Hierre et la pêcherie qui en dépendait ; de leur côté, les religieuses s'engagèrent à payer tous les ans à Elisabeth, nièce de Constance, une rente viagère de dix-huit setiers de farine et de la moitié des produits de la pêcherie, le tout reversible sur la tête de la donatrice, dans le cas où sa nièce mourrait la première. La comtesse de Saint-Gilles stipula en même temps que le jour où se célèbrerait son anniversaire, la gardienne de l'infirmerie serait chargée de payer, chaque année, une somme de douze sous pour la pitance des religieuses à la suite du service. Cette princesse habitait alors une partie de l'année dans l'abbaye. Maurice, évêque de Paris, confirme, en 1171, les libéralités qu'elle avait faites et prononça la formule d'anathème contre quiconque tenterait en détruire l'effet. A la même époque, Rémolde, précenteur de l'église de Compiègne, donna également à l'infirmerie de Montmartre une échoppe de boulanger, placée près la porte de Paris, et dont l'abbesse Ada fut mise en possession par le prévôt Thomas Leriche.

Nombre de religieuses ; il est réduit. — Quand on rapproche des nombreuses donations faites à l'abbaye, les plaintes continuelles des sœurs sur leur misère et la triste situation de leurs malades, un tel état de choses semble difficile à expliquer. Il faut en attribuer la cause au nombre des religieuses devenu tellement considérable que les revenus du monastère ne pouvaient suffire à leur entretien. Le patronage royal et la dévotion au culte de Saint Denys, attiraient en ce lieu une multitude de femmes empressées de quitter le monde pour se vouer à la vie claustrale. Aussi, dès l'an 1175, après avoir pris les conseils des hommes les plus prudents de son royaume, le roi, considérant comme un devoir de prévenir la ruine des églises et de veiller par son autorité à la conservation de l'abbaye de Montmartre, défendit de recevoir dans ce monastère aucune religieuse, tant que la congrégation serait composée de plus de soixante sœurs *(ut ad sexagenarium numerum reduceretur loci multitudo)*, sous peine d'encourir son indignation et la censure du pape Alexandre III, qui avait sanctionné cette sage décision. Aucune femme ne devait être admise, avant le terme fixé, à prendre l'habit monastique à Montmartre : il n'y avait d'exception que pour celles qui en faisaient la demande à l'article de la mort. Philippe-Auguste donna une nouvelle force aux ordres de son père, par une charte datée de l'an 1182.

Les dignités de l'Abbaye. — Les titres de ce temps nous ont conservé le nom de la religieuse Rissende (1) qui concourut, en qualité de prieure, à l'administration de l'abbaye. Une charte du même siècle renferme quelques détails dignes d'intérêts, sur les dignités qui existaient parmi les religieuses. « Du temps de Geoffroy Foulcher, « maître du Temple, Ada était abbesse de Montmartre, « Rissende prieure, Ada sous-prieure, Mabille directrice « du chœur (*cantricis*), Hodierne célerière, en présence « d'Odeline de Reims, d'Elisabeth, nièce du roi, d'Eme- « line, religieuse, de David, de Payen et de Dudon, cha- « pelains, les seigneurs du Temple de Paris cédèrent à « l'abbesse de Montmartre un moulin situé à Barbery, un « habitant de ce lieu, nommé Gùillaume, avec sa demeure, « sa femme, son fils et sa fille, moyennant dix muids de « froment, du meilleur, mesure de Senlis, que les reli- « gieuses promettaient de faire conduire tous les ans, audit « Senlis, pour le jour de Saint-Martin ».

Saint Thomas de Cantorbéry a Montmartre. — L'abbaye de Montmartre était gouvernée par Adèle, quand le fameux Thomas Becket, réfugié en France, vint habiter momentanément une partie des édifices qui dépendaient de la chapelle du Saint Martyre. Fuyant la colère d'Henri II, l'archevêque de Cantorbéry avait reçu de Louis VII la plus généreuse hospitalité. Le roi d'Angleterre tenta de réclamer par des ambassadeurs contre l'asile donné à l'illustre exilé ; mais le monarque français leur répondit noblement : « *Allez dire à votre maître que ce ne sera pas le roi Louis qui voudra renoncer à l'antique coutume des rois de France d'offrir librement un appui à tous les proscrits et surtout aux personnes ecclésiastiques.* » Non content d'avoir reçu le prélat, Louis s'efforça de le réconcilier avec le roi d'Angleterre.

1. *Sic.*

Le roi d'Angleterre Henri II. — Henri II, fatigué d'une longue guerre, commençait à désirer la paix. En 1169, il revint en France, sous prétexte d'accomplir un pélerinage au tombeau de Saint Denys. Tandis qu'il séjournait dans l'abbaye consacrée à ce saint apôtre, le roi de France lui fit demander une entrevue.

Entrevue des rois a Montmartre, 1169.— Les deux princes se rencontrèrent dans l'abbaye de Montmartre, pendant l'octave de la Saint-Martin. Louis et tous les grands du royaume prièrent avec instance le roi Henri, au nom de la Majesté divine et des saints dont il était venu visiter les glorieuses sépultures, de rendre ses bonnes grâces à l'archevêque, sans conserver aucun ressentiment des querelles passées. Cependant Thomas de Cantorbéry attendait le résultat de la conférence dans la chapelle du Martyre, ne croyant pas devoir paraître devant le prince qu'il avait irrité par son inébranlable courage. Il essaya seulement de le fléchir, en lui faisant demander, pour l'amour de Dieu et du Seigneur Pape, la restitution de tout ce qui avait été enlevé à l'église de Cantorbéry. Les vénérables prélats, Rothode(1), archevêque de Rouen, et Froger, évêque de Seez, se chargèrent de cette difficile mission, avec quelques autres amis de Thomas Becket. Après avoir commencé par se plaindre vivement de l'absence de l'archevêque, Henri, feignant de lui pardonner, répondit qu'il lui permettait de retourner en paix dans sa patrie, qu'il lui rendrait sans retard ses possessions et son siège, pour les tenir avec les mêmes droits et libertés que les prélats ses prédécesseurs. Mais, malgré ses promesses, le roi d'Angleterre refusait toujours de donner le baiser de paix. Thomas, connaissant par expérience la perfidie de ce prince, insistait pour rece-

1. *Sic.*

voir au moins une caution capable de lui inspirer quelque sécurité. Le roi Louis, qui voyait combien cette réconciliation semblait peu sincère, n'osait donner aucun conseil à l'archevêque et le laissait entièrement libre sur le choix du parti qu'il penserait devoir adopter. Comme les négociations traînaient en longueur, Henri se décida à prendre la route de Mantes, pour rentrer dans ses Etats.

PAROLES DE PHILIPPE-AUGUSTE ENFANT. — Au moment où les deux princes se séparèrent, le jeune Philippe qui n'avait alors que sept ans et qui avait accompagné le roi Louis, son père, à la conférence, adressa ces fières paroles au monarque anglais : « *Roi, je te prie, au nom de mon père, de montrer à l'avenir plus d'affection et de fidélité à son service et de mettre désormais un terme à tes vexations. Car je le jure devant toi et pour que tous l'entendent, quiconque oserait attaquer mon père dans sa vieillesse trouverait en moi un vengeur terrible d'une pareille injure, avec la grâce de Dieu et dès que le temps en serait venu.* » Ce courageux enfant fut depuis Philippe-Auguste. (Cette anecdocte semble peu croyable).

L'archevêque de Cantorbéry raconte lui-même les principales circonstances de l'entrevue de Montmartre, dans une longue lettre qu'il écrivit à l'archevêque de Sens et qui porte cette souscription touchante : *Reverendo patri et amico carissimo Willelmo Dei gratiâ Senonensi archiepiscopo, Thomas Cantuarensis ecclesiæ minister humilis, quidquid devotio potest exulis et proscripti.*

L'abbesse Adèle administra, pendant près de quarante ans, la communauté de Montmartre. Elle obtint, en 1163, du pape Alexandre III, alors réfugié à Sens, une bulle par laquelle ce pontife déclara qu'il prenait sous son patronage et celui de saint Pierre, l'abbaye de Montmartre, qu'il en confirmait tous les biens, mais principalement l'église de Saint-Denys du Mont-des-Martyrs, avec la chapelle du Saint-Martyre ; enfin, qu'il entendait maintenir à jamais les religieuses dans le droit d'élire leur abbesse, selon la règle du bienheureux père Benoît, défendant, sous peine des censures ecclésiastiques, de leur imposer aucune supérieure par violence.

Elisabeth occupait le siège abbatial en 1177, comme le prouve une charte portant cette date et conservée au Cartulaire de l'abbaye. Douée sans doute d'une humilité profonde, elle s'intitulait dans les actes (1207) *Elisabeth, par la patience de Dieu, abbesse de la bienheureuse Marie du Mont-des-Martyrs ;* elle prenait aussi quelquefois le titre d'*humble servante de l'abbaye* (1195).

La princesse Constance qui, du temps de l'abbesse Ada, s'était plu à pourvoir aux besoins de l'infirmerie de Montmartre, ne se montra pas moins généreuse envers l'abbesse Elisabeth. Elle abandonna en 1181, aux frères de l'hôpital de Jérusalem établis à Paris, 145 livres parisis, dont fut achetée une maison sise sur le grand pont à condition que le procureur de l'hôpital payerait tous les ans, cent sous de rente, en quatre termes égaux, les jours de Noël, de Pasques, de Saint-Jean et Saint-Rémy, au chapelain qu'elle établissait dans la chapelle du Saint-Martyre, pour prier en ce lieu et offrir chaque jour au Seigneur le divin sacrifice de l'autel, en mémoire d'elle-même, de son père, de sa mère, de son frère, et de tout les bienfaiteurs de la chapelle. Quatre ans après, c'est-à-dire en 1185, Roger des Moulins, grand maître de l'hôpital de Jérusalem, approuva, du consentement de tous les frères, et en présence de Maurice, évêque de Paris, la donation faite par la comtesse de Saint-Gilles, avec les clauses qui l'accompagnaient. L'évêque Maurice reconnut qu'après la mort de Constance, l'abbesse de Montmartre pourrait confier de plein droit la chapellenie du Saint-Martyre, à charge d'en pourvoir personne idoine et suffisante. La comtesse de Saint-Gilles ajouta encore à ses bienfaits le don d'une terre, appelée *le fief Bataille*, située à Montreuil, et de 120 livres de rente pour les réfections des religieuses, à condition qu'un anniversaire solennel serait célébré pour son fils Guillaume. Elle voulait aussi par ces libéralités dédommager les sœurs de la cession viagère que lui avait faite (1184) l'abbesse Elisabeth de la terre de Chaumontel, où elle se prépara une pieuse retraite, afin de s'occuper uniquement de son salut. Elle fonda, en ce lieu, une chapelle et prit l'engagement de laisser en mourant à l'abbesse de Montmartre le droit d'en choisir la titulaire. La terre de Chaumontel, voisine de Lusarches, faisait partie du domaine primitif de l'abbaye. Dans une bulle datée de 1147, le pape Eugène III, énumérait, parmi les biens du monastère, une chapelle et un fief à Chaumontel *(Capellam unam in Calvo Monticulo cum feudo Pagani Francebize).* L'évêque de Paris, Guillaume, érigea la chapelle de Chaumontel en paroisse, vers l'an 1233. Ce lieu porte encore aujourd'hui le nom de Chaumontel-les-Nonnains, en mémoire des religieuses de Montmartre.

Nouvelles donations. — Les dernières années du XIIe siècle et les premières du siècle suivant furent pour l'abbaye une ère de prospérité croissante. Hugues, abbé de Saint-Denys, donna, en 1188, quatre arpents de vigne, moyennant trois sous de cens annuel. Deux ans après, Gautier, camérier du roi Philippe-Auguste, dans l'espoir d'assurer le repos éternel aux âmes de son père et de sa mère qui avaient leur sépulture au Mont-des-Martyrs, aumôna aux sœurs de Sainte-Marie cent sous de rente, à prendre sur un revenu de 500 sous que lui avait concédé, en la prévôté de Paris, la comtesse de Beaumont, Eléonore, qui le tenait elle-même du roi. Le don de Gautier devait être employé spécialement à terminer le logis des religieuses infirmes. En 1215, Gilles, maire de Compiègne, les jurés et toute la commune de la même ville, reconnurent devoir à l'église du

Mont-des-Martyrs dix livres de monnaie parisienne (*Monetæ parisiensis*) payables chaque année à Compiègne, en l'octave de Saint Denys, pour redevance d'une terre située près de leur ville, entre la rivière d'Oise et la forêt.

Boucherie de Paris. — Les revenus que l'abbaye de Montmartre tirait de la boucherie de Paris, s'accrurent aussi par le don de plusieurs étaux. Loup, frère de Guy, coutellier du roi, se trouvant malade et se disposant à quitter le siècle, pour prendre l'habit monastique, dans la vue d'assurer son salut, laissa aux sœurs de la maison de Saint Denys du Mont-des-Martyrs, un étal de la boucherie de Paris, sous la condition d'en abandonner le revenu à sa nièce Elisabeth, aussi longtemps qu'elle vivrait. Nicolas, boucher de profession, donna au monastère une voûte située devant le grand Châtelet, laquelle était grevée envers le roi de la redevance annuelle d'un besan. Le roi confirma ce don en 1206, mais il se réserva son droit. L'abbaye, à titre de récompense, paya une somme de soixante livres parisis audit Nicolas, à Barthélemy, son gendre, et à sa fille, Emeline. Sur cette somme les sœurs de Montmartre reçurent quarante livres de Gautier le jeune, camérier du roi Philippe. Mais ce seigneur exigea qu'un tiers du revenu de la voûte fût payé à Isabelle, fille de Robert de Milly, son ami très cher, religieuse au monastère de Montmartre, afin de lui fournir de quoi acheter des vêtements, et un autre tiers à sœur Agniès de Espies, nièce de l'abbesse Elisabeth, pour le même usage.

Revenus a l'usage des religieuses. — Peu de temps après, Sanceline, sœur de Thibaut le Riche, et femme du changeur Ascelin, donna deux maisons, avec cinq arpents de vignes, à l'église du bienheureux Denys du Mont-des-Martyrs, en stipulant aussi que sa fille Sibylle, religieuse à Montmartre, et elle-même, en conserveraient la jouissance leur vie durant. Les restrictions apportées à ces dernières donations tendent à prouver que malgré le vœu de pauvreté, les religieuses pouvaient alors conserver la disposition d'une partie de leurs biens.

Une charte de l'an 1201 nous a conservé les noms de la prieure Isabelle, de la sous-prieure Aalis, et de la précentre Hélise.

L'abbesse Elisabeth, mourut le 3 des nones de janvier. Mais, le nécrologe de l'abbaye de Saint-Denys, qui mentionne son décès à ce jour, n'en désigne pas l'année.

Le nom de l'abbesse Hélisende paroit dès l'an 1218, dans les actes relatifs à l'abbaye. Comme Elisabeth, elle prenait le titre, en 1221, de « *humilis ministra B. Marie Montis Martyrum.* »

BOTTES FOURRÉES. SOCQUES. — De son temps, les religieuses se plaignaient de la rigueur du froid qui régnait sur la montagne et rendait fort pénible l'assistance aux offices de la nuit. L'abbesse décida, en 1231, qu'à l'avenir chaque sœur recevrait, pour se procurer des bottes fourrées (*pro botis*), une somme de trois sous, le jour de la Toussaint. La grange du Marais rapportait à l'abbaye un revenu de dix livres, sur lequel vingt sous devaient, d'après d'anciens règlements, être payés à la Supérieure de l'infirmerie, les neufs livres, qui restaient libres, furent affectées à l'achat des bottes. Plus tard, la même abbesse accorda une paire de socques à chaque religieuse, et régla que, pour cet objet, il serait accordé une somme de deux sous *ad espendas* (1) *soculares*. Une rente de six livres de cens, assise sur une portion de la terre de Barbery, fut consacrée à cette nouvelle dépense. La répartition des neuf livres destinées aux bottes et des six livres destinées aux soques, démontre qu'à cette époque, la communauté de Montmartre était, suivant la

1. *Sic.*

volonté du roi Louis VII, réduite au nombre de soixante religieuses.

Le P. Du Breul, dans ses *Antiquites de Paris*, donne quelques détails sur les bottes, dont les moines ou les religieuses se servaient pendant la nuit, et que, pour ce motif, on appelait *Nocturnales*. Voici le passage dans lequel il en parle : « *Nocturnales* bonnes à porter à Matines sont « bottes de cuir, doublées de blanchet, si besoin est, pour « chasser le froid, telles que les portaient à Matines les « moines de Saint-Martin. La Cour du parlement en l'arrest « donné en l'an 1377 au proufit du couvent de Saint « Germain-des-Prés, contre le chambrier dudit lieu, les « appelle bottes feutrées, et le condamne d'en bailler à « chacun religieux une paire tous les ans le jour de la « Toussaincts. Le seigneur Baron de Larré en Normandie « reçoit tous les ans au jour de Saint Martin d'hyver des « pareilles bottes des religieux, abbé et couvent de Saint « Martin de Sées, pour leur avoir ceddé le patronage et « droict de dixmes des églises de Larré, Semailley et « Conge. »

Abside de l'Eglise. — Ce fut probablement du temps d'Hélisande qu'eut lieu la reconstruction de l'abside de l'église abbatiale. Le style architectural de cette partie de l'édifice appartient en effet au règne de Philippe-Auguste.

Le 9 avril 1239, l'abbesse Pétronille souscrivit un acte relatif au four que Louis VI avait donné à l'abbaye, et qui était situé à Paris dans la rue de la Heaumerie.

Agnès était abbesse de Montmartre, en 1247 ; Innocent IV lui adressa, en 1254, une bulle de confirmation des biens du monastère.

Emeline et Hélisende gouvernèrent successivement l'abbaye, depuis l'année 1260 jusques vers l'an 1270.

Abbesse en 1270, Mathilde du Fresnoy, mourut au mois de janvier 1280. Elle fut inhumée devant le maître-autel de l'église, sous une tombe, dont l'inscription se lisait encore au siècle dernier. A sa mort, les religieuses adressèrent une requête au roi Philippe-le-Hardi, pour obtenir l'autorisation d'élire une nouvelle abbesse. Le droit d'élection leur était bien assuré par la règle de Saint-Benoît et par les constitutions des papes ; mais cette démarche était un acte de déférence envers les descendants des fondateurs de l'abbaye.

Elue en 1280, Alips cessa de vivre le premier jour du carême de l'an 1284. Un tombeau et une épitaphe lui furent érigés, devant le maître-autel de l'église abbatiale.

Après avoir obtenu, sur leur nouvelle demande, l'assentiment du roi, les religieuses portèrent leurs suffrages sur Edeline ou Adeline d'Ancilly. Cette abbesse renonça, en 1294, moyennant vingt sous parisis, à tous droits ou cens appartenant à l'abbaye sur deux maisons de la rue Neuve de Saint-Médéric, en faveur de la Congrégation des pauvres veuves, qui s'étaient établies près de la porte du Temple et qui tenaient ces maisons de la libéralité de Jacques, matriculaire de l'église de Saint-Médéric. Edeline mourut en 1299. Il existe des actes datés de cette année, dans lesquels son nom paraît encore. Mais à la fin de cette même année, elle était remplacée par une autre abbesse. Sa tombe se voyait au dernier siècle dans l'église du monastère.

Les auteurs du *Gallia Christiana* mentionnent le nom de Philippa, treizième abbesse, sans rapporter aucun fait relatif à son gouvernement et le cartulaire de Montmartre ne contient aucun acte émané d'elle.

Eglise de Boulogne près Paris. — Ada de Mincy, ou de Milly, suivant Du Breul, prend le titre d'humble abbesse de Montmartre dans une charte de l'an 1305. Sa mort arriva en 1317, le jour de saint Cosme. Les religieuses l'inhumèrent devant le maître-autel. On remarquait autrefois, auprès de sa tombe, l'épitaphe de dame Marguerite de

Mincy, décédée au mois de février 1309 et qui, après avoir été trois fois veuve, voulut recevoir, au moment de la mort le voile sacré des mains de l'abbesse Ada.

Eglise de Boulogne, près Paris. — L'abbesse Jeanne de Repenti céda en 1320, aux habitants de Menuz-lez-St-Cloud, tous ses droits sur l'emplacement nécessaire à la construction d'une église. Ce village faisait, comme nous l'avons vu, partie de la dotation constituée par le roi Louis le Gros à l'abbaye de Montmartre et la seigneurie du lieu appartenait aux religieuses. Au commencement du XIVe siècle, plusieurs habitants de Paris s'étant rendus en pélerinage à l'église de Notre-Dame-de-Boulogne-sur-Mer, si célèbre au moyen-âge par sa statue miraculeuse, conçurent, à leur retour, le projet d'établir au village de Menuz une confrérie en l'honneur de la Vierge et d'y ériger en même temps une église sous son invocation. Par une charte datée du mois de février 1319, Philippe V, roi de France et de Navarre, leur permit d'accomplir ce pieux dessein, à condition que, pour éviter tout scandale, le prévôt de Paris assisterait par lui-même, ou par un délégué, à leurs réunions. Le terrain, choisi pour la nouvelle église, se trouvant dans la censive de l'abbaye de Montmartre. « L'an de grâce 1320, le jour « du Dimanche d'après l'Ascension, Madame Sœur Jeanne « de Repentino abbesse, à la prière et requeste de Maistre « Gérard de la Croix, scelleur du Chastelet de Paris, et « Jean de la Croix, son frère, et de leurs amis, tous con- « frères de la confrairie de Notre Dame de Boulongne sur « la Mer, a admorty une certaine place vague située au « lieu et bailliage de Menuz lez Sainct Cloud, contenant « cinq arpens de terre ou environ, lesquels estoient de « leur propre héritage et possession, pour sur icelle fon- « der, construire et édifier une église à l'honneur de la « glorieuse Vièrge, mère de Dieu, et de toute la cour cé- « leste de paradis : laquelle de là en avant serait appelée

« la Chapelle de Notre Dame de Boulogne sur Seine. Et « a esté bastie à la semblance de celle qui est sur la Mer. »

De nombreux miracles, et de précieuses indulgences, attirèrent en cette église la foule des pélerins. Bientôt, le village de Menuz quitta son premier nom pour prendre celui de Boulogne et ce nom fut aussi appliqué à la forêt voisine, appelée jusqu'alors dans les titres le Bois de Rouvray.

HOPITAL SAINT-JULIEN-DES-MÉNÉTRIERS, A PARIS. — Jeanne de Vallengomard (Valengoujard, Vallengoinard, Valangamard, Valangavard), commença, en 1328, à exercer les fonctions d'abbesse. Deux ans après, elle consentit, par acte authentique, à la fondation de l'hôpital de Saint-Julien-des-Ménétriers, sur un terrain qui appartenait à l'abbaye.

Le P. du Breul rapporte avec tant de candeur et de simplicité les circonstances qui amenèrent l'établissement de cet hospice, qu'il est difficile de résister au désir de citer encore une fois ses propres paroles :

« En l'an de grâce 1328, le mardy devant la Sainte « Croix, il y avoit en la rue de Sainct Martin des Champs, « deux compagnons ménestriers les quels s'entre-aimoyent « parfaitement, et estoient toujours ensemble. Si estoit « l'un de Lombardie et avoit nom Jacques Grare de Pis- « toye, autrement dit Lappe. L'autre estoit de Lorraine et « avoit nom Huet la Guette, du palais du roy. Or avint que « le jour susdit, après disner, ces deux compagnons « estans assis sur le siège de la maison du dit Lappe, et « parlans de leur besoigne, virent de l'autre part de la « voye une pauvre femme appelée Fleurie de Chartres, « laquelle estoit en une petite charette, et n'en bougeoit « jour et nuit comme entreprinse d'une partie de ses mem- « bres, et là vivoit des aumosnes des bonnes gens. Ces « deux esmeus de piété s'enquerrent à qui appartenoit « la place, désirans l'achepter et y bastir quelque petit « hospital. Et après avoir entendu que c'estoit à l'abbesse

« de Montmartre, ils l'allèrent trouver ; et, pour le faire « court, et leur quitta le lieu à perpétuité, à la charge de « payer par chacun an cent solz de rente, et huit livres « d'amendement dedans six ans seulement. Et sur ce leur « fit expédier lettres en octobre, le dimanche de devant la « Saint Denys 1330. Le lendemain, lesdits Lappe et Huet « prindrent possession dudit lieu, et pour la mémoire et « souvenance firent festin à leurs amys. Peu après ils « firent faire un mur, et sur l'entrée une belle chambre, « et au dessous des bancs à licts. Au premier desquels « fut couchée la pauvre femme paralytique, et n'en bou-« gea jamais jusques à son décès. Ils ordonnèrent aussi que « ce lieu seroit d'oresnavant appellé l'Hospital de Sainct « Julien et Sainct Genois. Et pendirent une boiste à la « porte de l'entrée, pour recevoir les aumosnes de ceux « qui auroient dévotion..... L'an 1332, l'abbesse de Mont-« martre envoya toiser le lieu dudit hospital par Michel « de Sainct Laurent et Jacques de Lonjumel maistres jurez « du roy ; lesquels rapportèrent qu'il contenait en long et en « lé, trente six toises bien largement, et avec le consente-« ment de son couvent duëment congrégé en chapitre, « leur admortit et bailla lettres datées au dit an, le ven-« dredy d'après les Brandons, qui est le premier diman-« che de caresmes et scellées de son scel, et de celuy du « couvent, moyennant soixante francs qu'ils payèrent. « En l'an 1333, au mois d'avril, le roy Philippe de Valois, « estant à Montpipeau confirma le dit admortissement par « ses patentes scellées en lacs de soye et cire verde. »

Jeanne de Vallengomard termina, en 1346, des différends survenus depuis très longtemps entre les chapelains du Saint-Martyre. Il en sera fait mention, avec la suite des faits relatifs à cette chapelle. Le nom de l'abbesse Jeanne paraît encore dans une charte de 1348. L'époque de sa mort n'est pas connue.

Les anciens registres de la Chambre des comptes prouvaient que, dans les années 1354 et 1358, l'abbaye était gouvernée par Jeanne de Morter, ou de Mortéri. Cette abbesse reçut du pape Urbain V une bulle par laquelle ce pontife assurait au monastère la protection apostolique. Elle mourut vers 1371.

Ravages, Guerres civiles. — L'abbaye éprouva, en ce temps, la fureur des guerres civiles. Elle dût être saccagée une première fois, en 1358, quand le roi de Navarre, sortant de Paris à la tête de ses gens et des Anglais, qui se répandirent dans la campagne, fit brûler l'église de la Chapelle et les greniers de la fameuse foire du Landit. « Le 3 octobre de la même année, dit l'auteur du *Journal « de Charles VI*, les Armagnacs furent à Pantin, à « Saint-Ouen, à la chapelle de Saint-Denys de Montmar- « tre, à Clignancourt, et firent tant de maux comme eus- « sent faict Sarrazins, car, ils pendoient les gens, les uns « par les pouces, les autres par les pieds ; ils tuaient et « rançonnaient les autres, efforçoient femmes, et boutoient « feu. » Ces affreux ravages se prolongèrent jusqu'à dans le siècle suivant. Les Navarrais, les Armagnacs, les Bourguignons, les Anglais se disputaient le privilège de dévaster tour à tour le pays.

Dissensions intérieures. — Les Bénédictins pensent qu'après la mort de Jeanne de Morteri, la crosse abbatiale fut disputée par Isabelle de Rieux et Rothberge de Nantilly. En effet, Isabelle figure, en 1376, à la tête de l'abbaye ; l'année suivante, c'est Rothberge, qui porte le titre d'abbesse ; et, par suite de l'abdication de cette dernière en 1395, on retrouve Isabelle de Rieux seule en possession de la dignité, qu'elle avait acquise au prix d'une persévérance soutenue pendant vingt années. Aucun renseignement ne nous a été transmis sur ces querelles intestines de religieuses, qui durent cependant offrir de curieux épisodes, non plus que sur l'espèce de schisme qui en fut la conséquence nécessaire. Peut-être les discordes des sœurs de Montmartre nous auraient-elles fourni des détails analogues à ceux des rébellions célèbres qui éclatèrent, à diverses époques, dans les monastères de Sainte-Croix de Poitiers et de Notre-Dame de Troyes.

MAUVAIS ÉTAT DU TEMPOREL. — Les dissensions des religieuses, ou plutôt les suites inévitables des guerrres qui désolaient les environs de Paris, avaient entraîné, à cette époque, la perte d'une partie des biens de l'abbaye. Par un bref donné au Palais d'Avignon, en 1381, la quatrième année de son pontificat, l'anti-pape Clément VII chargea l'abbé de Sainte-Geneviève de faire rentrer les religieuses de Montmartre dans la possession d'un certain nombre de leurs biens qui avaient été usurpés, l'autorisant à employer, en cas de nécessité, les censures ecclésiastiques contre les détenteurs rebelles. Les instances faites par les sœurs, pour obtenir cette décision, révèlent l'existence de graves désordres dans l'administration de leurs propriétés. Les papes Urbain V et Grégoire XI leur avaient accordé déjà des brefs semblables, peu d'années auparavant.

PÉLERINAGE DE CHARLES VI. — Le roi Charles VI portait à l'abbaye de Montmartre une dévotion particulière. Quand, après un premier accès de fièvre, il eut recouvré la santé en 1392, il se souvint que, pendant la durée du mal, il s'était voué à Notre Dame et à Monseigneur saint Denys. Aussi pour témoigner de sa reconnaissance à ses divins protecteurs, il vint faire une neuvaine à Montmartre, en l'honneur de l'apôtre des Parisiens, après avoir été prier dans la cathédrale de Chartres, devant l'autel, où brillait, richement enchâssée, la chemise miraculeuse de la Vierge Mère. L'année qui suit ce pélerinage, le malheureux Charles faillit perdre la vie à ce bal devenu si fameux, que donna la reine Blanche en son logis du faubourg Saint-Marcel. Il avait voulu y paraître dans une mascarade, avec plusieurs seigneurs de sa cour qui s'étaient déguisés en sauvages, et se préparaient à danser un ballet. Le duc d'Orléans s'étant approché d'eux une torche à la main, le feu prit aux plumes dont ils étaient couverts. Trois d'entre eux périrent dans des tourments affreux et le roi n'échappa à la mort que par la présence d'esprit de la duchesse de Berry qui, bravant le danger, s'empressa d'étouffer avec sa robe les flammes qui le gagnaient déjà. Charles, croyant devoir encore la vie aux mérites de saint Denys, fit célébrer, à cette occasion, une procession solennelle, dont l'historien de cette époque, révérend père en Dieu Messire Jehan Juvénal des Ursins, archevêque, duc de Reims, et premier pair de France, nous a laissé une intéressante relation. « Quand on sceut la grâce « que Dieu avoit faict au roy du feu qui feut bouté, quand « le roy et autres faisoient les hommes sauvages, dont il « eschappa sain et sauf par le moïen de la dame qui le « couvrait de son mantel, on feit deux choses, l'une un « service pour ceulx qui y trespassèrent bel et notable, « l'autre, le roy et ceulx du sang allèrent en pélerinage à « pied en la chapelle des Martyrs, au pied de Montmartre, « pour revenir en Notre Dame en dévocion. Et estoit le « roy seul à cheval, ses frères et oncles, et autres du sang « et foison de gentishommes nuds pieds. Et en cest estat « veindrent jusques à Notre Dame, ou ils feurent receus « par l'évêque, chanoines, chappelains et gens d'église « bien honnorablement, feirent leurs offrandes et oray-« sons, et y eust une très belle messe chantée, et maintes « larmes des yeulx jectées, en remerciant Dieu de la grâce « qu'il avait faict au roy. »

L'Abbaye spoliée. — Jeanne de Coudray était abbesse de Montmartre, en 1398. Elle mourut, en 1426. Peu s'en fallut qu'elle ne vît la ruine complète de son monastère. Les Bourguignons, les Armagnacs et les Anglais y portèrent tour à tour la désolation. Aussi en 1403, au lieu de ce nombre immense de sœurs qui remplissait l'abbaye dans les siècles passés et dont le roi Louis VII avait cru devoir arrêter l'accroissement, il ne restait plus au chœur que six religieuses décidées à braver tous les périls plutôt que d'enfreindre leur vœu de clôture.

« Les ducs de Berry, d'Orléans et de Bourbon, et les com-
« tes d'Alençon, de Richemont et d'Armagnac veindrent
« en 1410, accompagnés de trois ou quatre mille chevaliers
« et escuyers devant Paris, et de toutes parts couroient, et
« n'estoit que pilleries, roberies et destruction du peuple
« qui estoit chose très pitoyable.

Siège de Paris. — « L'année suivante, le duc d'Orléans se « mist dans Saint Denys et posa son avant garde à Mont- « martre, à la Villette Saint Ladre et la Chapelle Sainct « Denys. » Le comte de Saint Paul, gouverneur de Paris, et Pierre des Essarts tentèrent de surprendre l'ennemi et de le repousser des murs de la capitale. Mais les Armagnacs en furent avertis. « Si estoit le seigneur de Gaules, vaillant « chevalier, qui avoit grandes charges à Montmartre, où il « y avoit guet, et pouvoit aucunement voir quant assemblée « se faisoit dedans la ville. » Ce seigneur fit avertir les princes des préparatifs du comte de Saint Paul. Alors, « ceux que l'on appeloit Armagnacs, se mirent en deux « parties, embuschez derrière la montagne de Montmartre, « en fosses basses vers le Gibet. » Attaqué vigoureusement et à l'improviste, le comte de Saint Paul rentra dans la ville, après avoir été poursuivi jusqu'à la porte Saint-Honoré, et avoir perdu deux ou trois cents hommes, « qui fust chose « piteuse, laquelle en aigrit et irrita fort ceux de Paris. « C'estoit toujours grande pitié de pilleries et roberies qui « estoient « sur les champs ; car ceux qu'on appeloit Arma-

« gnacs faisoient maux innumérables et ne savoit-on qu'ils « pensoient ou vouloient faire. » Enfin le siège fut levé. Le peuple de Paris, tremblant de voir recommencer d'aussi affreux désordres profita de sa délivrance pour tâcher d'apaiser la colère du ciel dont il se croyait frappé. Pendant trois semaines, des processions solennelles se firent, chaque jour, dans les églises les plus renommées de la ville et des environs. Le 16 juin 1412, malgré une pluie violente, toutes les paroisses de Paris se rendirent à la chapelle du saint Martyre et à l'église de Montmartre, « hommes et petits enfants, tous nuds pieds, portant cierges « et torches ardentes, pour crier merci à Monseigneur Sainct-« Denys, et demander par ses mérites la paix au Dieu tout « puissant. » Les vœux des pauvres bourgeois, et leurs dévotieux pélérinages ne leur valurent qu'une tranquillité peu durable. Dès l'année 1419, « le seigneur de Chastelus qu'on « disait maréchal de France, et avecques luy plusieurs « gens du parti des Anglais, pillèrent et dérobèrent tout « le pays, et ceux de la ville de Saint-Denys mesmes, et si « firent-ils les pauvres religieux, et en leurs chambres « mettoient leurs fillettes et en faisoient comme bordeaux « publics. »

Les religieuses réfugiées a Paris. — Il est probable qu'à cette époque l'abbaye de Montmartre ne renfermait plus aucune religieuse, et que les sœurs étaient allées chercher dans les murs de Paris un asile contre la brutalité des brigands armés qui dévastaient la France. Elles étaient réunies en communauté, au moment de la mort de l'abbesse, Jeanne de Coudray, décédée en 1426, et demandèrent à Henri, roi d'Angleterre, qui se disait alors roi de France, l'autorisation d'élire librement une nouvelle abbesse ; ce prince la leur accorda immédiatement.

Le nom de l'abbesse Simone d'Arville, n'est connu que par des actes sans importance, datés des années 1429 et

1434. Les ravages des guerres continuaient presque sans relâches. On n'osa porter en 1435, le corps de la reine Isabeau de Bavière par la voie ordinaire à Saint-Denis, par crainte des Armagnacs dont tout les villages des environs de Paris étaient alors remplis. Il fallut placer le cercueil sur une barque pour le faire conduire à sa dernière demeure, en suivant le cours de la Seine. La plupart de nos historiens se sont trompés, en regardant comme l'expression de la haine publique l'abandon dans lesquels furent laissés les restes de cette femme, qui avait trahi à la fois tous ses devoirs de reine et de mère.

A la mort de Simone d'Arville, les religieuses convinrent de remettre l'élection à trois d'entre elles, Agnès des Jardins, prieure, Jeanne la Bourguignotte, sous-prieure, et Guillemette la servante, préfette du chœur. La prieure, ayant réuni les suffrages des deux autres, prit possession de sa nouvelle dignité, en 1438. Comme le siège épiscopal de Paris se trouvait alors vacant, elle fut bénite abbesse, le 7 mai 1439, par Jean Raphaël, évêque de Senlis. Les possessions de l'abbaye avaient presque toutes été usurpées par des hommes de guerre ; les bâtiments tombaient en ruines. Les religieuses habitaient le refuge qu'elles avaient à Paris, dans un hôtel de la rue de la Heaumerie. Livrés à la dévastation, les environs de Montmartre offraient l'apparence d'un véritable désert.

« En celuy temps furent les loups si enragez de man-
« ger chair humaine, que sur la fin de septembre ils étran-
« glèrent et mangèrent quatorze personnes que grands
« que petits, entre Montmartre et la porte Sainct An-
« thoine. »

Réparation des édifices. — Agnès des Jardins, dont la vie se prolongea jusqu'en 1461, vit enfin cesser les malheurs de l'abbaye. Mais il paraît qu'elle ne montra pas un grand empressement à restaurer les bâtiments du monastère. En 1460, Guillaume Chartier, évêque de Paris, fut informé que le très éminent *(eminentissimum)* édifice du chœur et du clocher menaçait ruine. Après avoir fait examiner l'église par une commission, composée de maçons, charpentiers et autres à ce connaissants, le prélat voulut constater lui-même l'exactitude de leurs rapports, et décida qu'il fallait arrêter, par les moyens les plus prompts, la destruction totale de l'église, dont la chute du chœur, et surtout du clocher, devait infailliblement écraser les murailles. L'abbesse et les religieuses reçurent l'ordre exprès d'entreprendre sans retard les réparations les plus urgentes, sous peine d'encourir les censures ecclésiastiques. Mais peu zélées pour le rétablissement de la maison du Seigneur, elles cherchèrent à éluder les ordres de l'évêque, en alléguant leur pauvreté, la déminution de leurs revenus, la nécessité où elles s'étaient trouvées de faire réparer les autres bâtiments et officines de l'abbaye. Le prélat, pensant avec raison qu'avant de s'occuper de leur habitation, elles auraient dû commencer par relever les murs du Sanctuaire, refusa d'admettre de semblables excuses. Il se chargea de vérifier lui-même l'état de leurs biens, parvint à leur ménager des transactions avec leurs débiteurs, et les contraignit à en consacrer le produit à la restauration de l'église. De cette époque date la reconstruction des voûtes de la nef principale et du transept.

Pétronille de la Harasse succéda par élection, en 1461, à l'abbesse Agnès des Jardins. Sa mort arriva en 1477.

Les détenteurs des terres du monastère avaient profité de la perte des titres renfermés autrefois dans les archives de l'abbaye, mais détruits pour la plupart pendant les dernières guerres, pour s'affranchir des rentes et redevances dont ils étaient grevés. Aussi, en 1468, la communauté de Montmartre fut-elle réduite à implorer par une humble supplique, en faveur de sa misère, l'appui du roi Louis XI. Les Bénédictins, qui ont enregistré la demande, ne nous en ont pas appris le résultat.

On peut remarquer comme une suite du relâchement introduit dans l'abbaye par les désordres des guerres, la faculté que les religieuses avaient d'enfreindre leur vœu de clôture. Elles sortirent de leur monastère pour assister aux funérailles de Charles VII et se montrèrent, à la même époque, dans plusieurs circonstances solennelles.

Sous le règne de Louis XI, en 1475, les possessions de l'abbaye furent encore une fois ravagées. « Le lundi 9 sep-
« tembre les Bretons et Bourguignons furent es terrouers
« de Clignancourt, Montmartre, la Courtille et autres
« vignobles, prendre et vendanger toute la vendange qui
« y estoit, jaçoit qu'elle n'estoit point meure. »

Marguerite Langlesche ou Langlois promit obédience à l'église de Paris, en qualité d'abbesse de Montmartre, le vendredi 9 mai 1477.

L'ABBAYE RÉFORMÉE. — Depuis les guerres civiles et l'abandon forcé de l'abbaye, la règle de saint Benoît n'était plus observée par les sœurs avec l'antique exactitude; le désordre régnait dans tous les exercices religieux. Un pareil relâchement fixa l'attention de Jean Simon, évêque de Paris, qui, par une réforme sévère, rétablit, en 1492, la discipline tombée en décadence. Sauval a commis, au sujet de cette réforme, une erreur relevée par l'abbé Lebeuf et les Bénédictins.

Il rapporte que l'abbesse Marguerite était sœur de l'évêque, et qu'elle fut déposée par son propre frère, dont elle s'efforçait de contrarier les sages intentions. Aucun acte ne vient à l'appui du récit de Sauval. L'abbesse Marguerite Langlois n'appartenait point à la même famille que le prélat, et des titres authentiques prouvent qu'elle gouvernait encore le monastère longtemps après l'introduction de la réforme. Elle mourut le 11 juin 1503. Elle fit célébrer auparavant son service funèbre, en sa présence, dans l'église abbatiale.

La réforme, commencée par Jean Simon, fut poursuivie avec le même zèle par son successeur immédiat, Etienne de Poncher. Les statuts qu'il dressa et dans lesquels il rappela ceux qui avaient été rédigés par les soins de son prédécesseur, furent rendus applicables aux trois grandes abbayes de Chelles, de Montmartre et de Malnoue. Le cardinal Georges d'Amboise, archevêque de Rouen, et légat du Saint-Siège, donna, le 5 des ides de février de l'an 1504, son approbation aux nouveaux règlements, dont une copie fait partie du cartulaire de Montmartre conservé aux archives du royaume.

Un des effets importants de la réforme de l'évêque Jean Simon avait été de rendre les abbesses triennales, au lieu de perpétuelles qu'elles étaient auparavant. Le mode d'élection n'éprouva cependant aucune modification. La première abbesse triennale de Montmartre se nommait Marie Cornu. D'abord simple religieuse du couvent de Fontaine, maison de l'ordre de Fontevrauld située dans les environs de Meaux, elle s'était distinguée par son mérite de piété. Quand la réforme fut introduite dans le monastère royal de Chelles, Marie Cornu, aidée de quelques religieuses, travailla quelque temps à l'affermir par son exemple et par ses instructions. En 1503, l'évêque de Paris l'appela au monastère de Montmartre, et employa son influence à la faire élire abbesse pour assurer le rétablissement de la discipline. Marie Cornu retourna en 1510 à Chelles, et fut chargée plus tard de réformer l'abbaye de Faremoutiers.

Martine du Moulin, religieuse de Chelles, fut élue abbesse de Montmartre, en 1510, cessa ses fonctions en 1515, et devint alors abbesse de Jarcy, où elle mourut vingt ans après. Elle avait été mise en possession de ce dernier monastère, avec douze de ses religieuses, par l'abbé de Cluny, afin d'y établir, disait-il, la sainte réformation et vraie observance régulière. Il résulte de plusieurs actes de cette époque, cités par les Bénédictins, que l'abbaye de Montmartre renfermait alors des frères convers employés au service de la maison, et quelques moines chargés de pourvoir aux besoins spirituels des sœurs. Leur établissement remontait, dit-on, à la fondation même du monastère. Ils prononçaient leurs vœux en présence de l'abbesse et les faisaient sanctionner par le prélat diocésain.

Elue en 1515, Claude Mahulle, religieuse de Chelles, gouverna l'abbaye pendant trois ans.

Antoinette Auger, religieuse de Chelles, comme les trois précédentes, avait été élue abbesse de Gif, en 1517. Mais elle passa, le samedi 6 novembre 1518, au gouvernement de l'abbaye de Montmartre. Elle exerça ses nouvelles fonctions jusqu'à l'année 1526. De son temps, un arrêt du Parlement ordonna la réforme des abbayes de Montmartre, de Malnoue, d'Hière, de Gif et de Jarcy, ce qui donna à penser que les évêques Jean Simon, et Etienne de Poncher n'avaient pu triompher complètement de la résistance des religieuses.

Catherine de Charron devint abbesse de Montmartre, par élection, en 1526. Antoinette Auger reparut, pour la seconde fois, à la tête du monastère. Des actes de l'an 1532, prouvent que, dès lors, elle avait repris le titre d'abbesse triennale. Elle mourut, en 1539, et fut inhumée dans l'abside. On voit encore, dans les marches du maître-autel de l'église, un fragment de tombe gravée représentant la partie inférieure de la crosse et du vêtement de cette abbesse. Ces mots peuvent à peine s'y lire :

. . . *mere seur âthoinette Auger et les ames au.* . . .
. . . . . *tique mere seur âthoinette*
auger et les ames au. . . . .

C'était sans doute un appel à la piété des fidèles.

Fondation de l'ordre des Jésuites. — La crypte de la

chapelle du Saint-Martyre devint, à cette époque, le théâtre d'un événement qui a ébranlé le monde, en donnant naissance à la plus fameuse de toutes les sociétés religieuses émanées du catholicisme. Le jour de l'Assomption en l'année 1534, Ignace de Loyola, Pierre Lefèvre, François Xavier, Jacques Lainez, Alphonse Salméron, Nicolas de Bobadilla et Simon Rodriguez se lièrent devant l'autel de Saint-Denys, par des vœux solennels, s'engageant à faire le voyage de Jérusalem, pour travailler à la conversion des infidèles, ou à entreprendre toute autre mission qui leur serait confiée par le Souverain pontife. Ainsi c'est à Montmartre que fut fondée cette compagnie de Jésus, dont les œuvres, si diversement jugées, ont rempli les deux hémisphères et qui, aujourd'hui, après un siècle de continuels revers, est encore debout sur les ruines de toutes les autres associations monastiques.

Marie Cathin remplaça Antoinette Auger. Des comptes de redevances furent rendus devant elle, le 22 juillet 1540. Sa mort dût arriver peu de temps après, car Jeanne Le Lièvre, qui lui succéda, mourut le 30 mars 1541. Cette dernière fut inhumée au chœur, dans le tombeau d'Anthoinette Auger, près duquel une épitaphe rappelait sa mémoire.

L'abbesse Marguerite de Havard, appartenait à la noble famille des Seigneurs de Sénantes au pays Chartrain.

Elle fut sans doute portée au gouvernement de l'abbaye par une double élection. En effet, depuis la réforme les abbesses n'étaient plus nommées que pour trois ans, et celle-ci exerça ses fonctions (elle est nommée dans des vœux de profession, 3 juin 1544, 5 septembre 1546) au moins pendant six années.

Le parlement de Paris s'occupait encore du rétablissement de la discipline monastique. Il ordonna aux religieuses de Montmartre, par un arrêt rendu le 6 septembre 1547, de se soumettre sans résistance à la réforme entreprise une troisième fois par le célèbre Jean du

Bellay, évêque de Paris. Cinq ans auparavant, ce prélat avait chargé le prieur de Saint-Lazare, celui de Saint-Victor et un religieux de ce dernier monastère, de remettre en vigueur à Montmartre la stricte observance de la règle. L'arrêt du parlement leva tous les obstacles que l'évêque avait rencontrés. Marguerite de Havard, dépouillée de la dignité abbatiale, se retira dans le couvent des Filles Dieu, où elle mourut le 18 juillet 1552. Elle y reçut la sépulture au milieu du chœur.

Abbesses de haute noblesse. — Le concordat de Léon X et de François Ier changea la constitution de tous les monastères, en attribuant au roi la nomination des abbés et abbesses. Jusqu'à ce moment, les noms de la plupart des abbesses appelées au gouvernement du monastère de Montmartre, nous ont révélé une origine plébéienne. Mais, à dater de l'époque où l'autorité royale s'arrogea le droit de conférer les dignités religieuses, l'abbaye de Montmartre, en raison de l'illustration de son origine, ou plutôt peut-être à cause de sa proximité de la cour, fut regardée comme une abbaye de faveur, et sembla devenir le patrimoine exclusif des plus grandes familles du royaume. Ce fut en 1548 que le roi Henri II exerça, pour la première fois, son droit de nomination aux fonctions d'abbesse de Montmartre ; son choix se fixa sur Catherine de Clermont, fille d'Antoine II, baron et vicomte de Clermont, conseiller chambellan du roi. Sa mère, Marie de Poitiers, appartenait à la famille de la belle Diane ; sa sœur, Marguerite de Clermont, gouvernait l'opulent monastère de Saint-Pierre de Lyon, où la tombe de cette abbesse existe encore dans le grand cloître. Sa seconde sœur avait épousé René de Beauvilliers, comte de Saint-Aignan. Après avoir été d'abord simple religieuse au couvent des Dominicaines de Montfleury en Dauphiné, près de Grenoble, Catherine de Clermont fit profession dans l'ordre de Saint-

Benoît, à Saint-Pierre de Reims, entre les mains de Renée Catherine de Lorraine. Elle fut bénite, le 11 août 1549, par François de Dinteville, évêque d'Auxerre, et remplit, pendant plus de quarante ans, les fonctions d'abbesse de Montmartre. Pour assurer à sa famille la possession de ce noble monastère, où se trouvaient encore à cette époque plus de soixante religieuses, elle choisit, en 1587, pour coadjutrice, sa nièce Elisabeth de Crussol et lui donna le voile. Mais, à la mort de l'abbesse, survenue le 11 septembre 1589, la jeune coadjutrice, qui n'avait pas encore prononcé les derniers vœux, renonça pour rentrer dans le monde, au bénéfice de l'ordonnance royale, qui lui conférait l'abbaye.

En 1559, un violent incendie, dont les traces sont encore visibles, consuma une partie des bâtiments claustraux. La sacristie de la grande église fut détruite par les flammes, avec la plupart des ornements précieux qu'elle renfermait, et une grande quantité des titres qu'on y conservait comme en des archives sacrées.

Scandales déplorables. — A l'abbesse Catherine de Clermont succéda Claude de Beauvilliers. Elle fut élue en 1589, disent les auteurs du *Gallia Christiana*. Comme Henri IV n'avait pas encore abjuré le calvinisme, et que les droits conférés par le concordat de Léon X, au roi de France ne pouvaient être exercés par un prince hérétique, les religieuses de Montmartre rentrèrent, pour un moment, dans leur antique privilège de choisir elles-mêmes la supérieure du monastère.

Des scandales sans exemple souillèrent l'abbaye, à la fin du XVIe siècle. Quand Henri IV, vainqueur à Ivry, vint, en 1590, mettre le siège devant les murs de Paris, et placer ses canons sur les vieux débris du temple de Mars, le monastère devint le quartier général de l'armée royale. Le roi et ses principaux officiers se livrèrent aux plus

grands désordres avec les religieuses qui n'avaient pas craint de rester à Montmartre, malgré la guerre. Sauval, presque contemporain de cette époque désastreuse pour l'abbaye, raconte en ces termes ce qui s'y passa, durant le siège de Paris. Il tenait les détails suivants de l'abbesse, Marie de Beauvilliers : « Durant la ligue, comme les reli-
« gieuses de Montmartre avaient été contraintes de se
« retirer de Paris, ce changement de lieu leur fit changer
« de vie, et à l'abbesse toute la première aussi bien qu'aux
« chapelains ; que s'il en resta quelques-unes à Montmartre,
« Henri IV et les autres chefs qui y vinrent camper,
« comme j'ai dit, pendant le siège de Paris, les corrompi-
« rent, de sorte que les satyriques du temps donnèrent à
« cette montagne un nom infâme. Le couvent ne fut guère
« mieux conservé que les religieuses, et le roi, dit-on, se
« trouva si bien avec l'abbesse qu'autant de fois qu'il
« parloit de ce couvent, il l'appelait son monastère, il
« disait qu'il en avoit été religieux. Cependant Marie de
« Beauvilliers m'a dit qu'elle ne put tirer de lui que mille
« francs pour réparer les ruines qu'il avait faites. Elle m'a
« dit encore que son abbaye n'avoit pas plus de deux
« mille livres de rentes et en avoit dix mille en 1589,
« lorsqu'elle en fut pourvue ; que le jardin étoit en friche,
« les murs par terre, le réfectoire converti en bûcher, le
« cloître, le dortoir et le chœur en promenade. A l'égard
« des religieuses que peu chantoient l'office ; les moins
« déréglées travaillaient pour vivre, et mouroient presque
« de faim, les jeunes faisoient les coquettes ; les vieilles
« alloient garder les vaches et servoient de confidentes
« aux jeunes. »

Henri IV, n'ayant pu entrer dans la capitale, se replia sur Meaux, et y conduisit la jeune abbesse, à qui il donna la même année l'abbaye de Pont-aux-Dames, en dédommagement de la destruction du monastère de Montmartre. Le règne de Claude de Beauvilliers ne fut pas long ; les charmes de Gabrielle d'Estrées, qui était sa cousine germaine, la firent promptement oublier.

En 1590, les religieuses de Montmartre exercent une dernière fois leur droit d'élection, en élevant à la dignité d'abbesse Marguerite de Havard. Il est probable que cette élection se fit par un petit nombre de sœurs, qui avaient cherché un asile à Paris. Car l'abbaye se trouvait en ce moment complètement abandonnée. Réfugiées dans la maison qui leur avait déjà servi de retraite, pendant les guerres du XVe siècle, elles ne reconnaissaient pas l'autorité d'un roi huguenot, et se donnèrent une abbesse, sans attendre la sanction royale.

Après Marguerite de Havard, les Bénédictins placent une 36e abbesse qu'ils désignent par le nom de *Sénantes*, sans indiquer ni ses prénoms, ni les faits relatifs à son administration. Ils citent, comme leur seule autorité à cet égard, Jacqueline de Blémur, religieuse du Saint-Sacrement, qui écrivit, au XVIIe siècle, les éloges des personnages les plus illustres de l'ordre de Saint-Benoit et qui mentionne, sans détail, le nom de cette abbesse. Cependant il faut croire que la dame de Sénantes ne doit pas être distinguée de Marguerite de Havard, puisqu'au sujet d'une autre abbesse, les auteurs du *Gallia* remarquent eux-mêmes que la famille de Havard possédait la seigneurie de Sénantes, et en avait adopté le nom.

RÉFORME. — Après huit ans de désordres, parut enfin la réformatrice destinée à rétablir la discipline dans l'abbaye de Montmartre. Cette tâche difficile était réservée à Marie de Beauvilliers, fille de Claude de Beauvilliers, comte de Saint-Aignan, et de Marie Babou de la Bourdaisière. Née en 1574, elle prit le voile, à l'âge de 12 ans, dans l'illustre abbaye de Beaumont lez Tours, dont une de ses tantes était abbesse, et fit profession en 1590. Elle avait à peine vingt-quatre ans, quand elle fut nommée abbesse de Montmartre, le 7 février 1598. Le monastère renfermait alors trente-trois religieuses. Marie de Beauvilliers fut bénite, en 1601, par le cardinal de Sourdis, et obtint du roi, l'année suivante, qu'à l'avenir les abbesses deviendraient électives et triennales. Son but était de ranimer ainsi le zèle des religieuses, en leur ménageant la possibilité d'arriver un jour à la première dignité de la maison et de la conférer par leurs votes à chaque nouvelle vacance. Une volonté ferme, une extrême pureté de mœurs, une piété sincère, caractérisaient Marie de Beauvilliers. Animée du désir de consacrer son existence à la restauration de l'abbaye de Montmartre, elle renonça, pour accomplir cette œuvre à l'abbaye de Beaumont dont elle pouvait hériter, en qualité de coadjutrice.

Les réformes des évêques Jean Simon, Etienne de Poncher, Jean de Bellay n'avaient pu faire revivre dans sa pureté première la règle de saint Benoit ; la sainte abbesse en commença une quatrième, qui lui coûta dix années de travaux assidus. Comme elle ne se fiait pas à ses propres lumières, elle s'entoura des conseils de plusieurs religieux célèbres par leur régularité. Le réformateur de la congrégation de Saint-Vannes, Dom Didier de la Court, lui apporta le concours de son expérience consommée dans les pratiques de la vie monastique. Les sœurs les plus décriées par leurs scandales, furent expulsées du monastère, et, s'il faut s'en rapporter à Sauval, la conduite de quelques-unes des religieuses, qui restèrent dans l'abbaye, donne une bien déplorable idée de la corruption de celles qui avaient été chassées.

L'auteur des *Antiquités de Paris*, les accuse d'avoir empoisonné leur abbesse ; il attribue même aux suites de cette criminelle tentative la vie languissante que mena, depuis cette époque, Marie de Beauvilliers. L'ordre et la discipline reparurent enfin à Montmartre, par les soins de la pieuse abbesse.

Le nombre des religieuses s'accrut rapidement, et jusqu'à la fin du dernier siècle, la plus grande régularité ne cessa de régner dans le monastère, rangé désormais au nombre des maisons de stricte observance. Sauval, qui s'était plu à conter les désordres des anciennes religieuses, rend justice complète à celles, qui, de son temps, suivaient en grand nombre, à Montmartre, l'institut de saint Benoit. Elles portèrent leur zèle pour la pénitence jusqu'à solliciter, en 1617, de l'évêque de Paris l'autorisation de s'abstenir de viande autant que leur santé pourrait le permettre. Une fois rentrées dans dans la voie des réformes, elles ne s'étaient plus arrêtées.

L'abbé Lebeuf leur reproche d'avoir quitté le vêtement blanc qu'elles portaient de temps immémorial, d'après l'ancien usage suivi dans le principe par les religieuses de tous les ordres. Elles crurent se rapprocher de la règle de saint Benoit, en prenant la couleur noire adoptée par les Bénédictins, et obtinrent, en 1612, pour ce changement, le consentement de l'évêque, Henri de Gondi. Leur requête était appuyée sur de singulières raisons ; elles prétendaient que le blanc était la couleur distinctive de l'ordre de Saint-Augustin ; que les vêtements de se genre pouvaient inspirer une dangereuse vanité ; enfin, que le manque d'eau leur en rendait l'entretien à peu près impossible.

Réparation des édifices. — Après avoir relevé le temple spirituel, en rappelant les religieuses à leurs devoirs, disent les auteurs de ce temps, Marie de Beauvilliers crut devoir s'occuper aussi du temple matériel. Afin de réparer les désastres dont Sauval nous a laissé le tableau, il fallut une courageuse persévérance et des sommes considérables. L'abbesse trouva le moyen de suffire à tout. Elle fut aidée dans cette sainte entreprise, par sa sœur, Anne de Beauvilliers, et son beau-frère, Pierre Forget, seigneur de Fresnes, secrétaire d'Etat, intendant des bâtiments du roi. Les édifices claustraux sortirent de leurs ruines : et, bientôt même, deux nouvelles congrégations se formèrent sous la dépendance de l'abbaye. En 1613, des religieuses de Montmartre furent établies dans un prieuré qui s'éleva, sous le nom de Petit-Monmartre, dans le faubourg de la Ville-l'Evêque, a peu de distance de l'église paroissiale de la Madeleine. Marie de Beauvilliers en confia le gouvernement à Marguerite de Veyni d'Arbouze, qui devint, dans la suite, abbesse et réformatrice du monastère royal du Val-de-Grâce. Henri de Gondi, évêque de Paris, confirma cette fondation, à la prière des princesses Catherine et Marguerite d'Orléans, demoiselles de Longueville et d'Estouville ; de Marie, humble abbesse de Montmartre, et d'Anne de Beauvilliers, dame de Fresnes. Le prieuré de la Ville-l'Evêque cessa, en 1647, d'être uni à l'abbaye de Montmartre, pour passer dans le domaine de celle du Val-de-Grâce. Mais la séparation ne fut consommée qu'après le paiement d'une somme de trente-six-mille livres, que Marie de Beauvilliers reçut à titre de dédommagement, et qu'elle s'empressa d'employer à terminer les immenses travaux commencés dans l'abbaye. Cependant, l'enceinte du monastère de Montmartre avait pris un vaste accroissement. Dès l'année 1611, la chapelle du Saint Martyre avait changé de face. De simple oratoire, elle était devenue grande église et la découverte de la crypte de Saint-Denys lui avait donné une nouvelle importance. Aussi, en 1622, l'évêque de Paris permit-il d'y établir un prieuré conventuel. Les détails relatifs à ce changement figureront plus loin, dans un article spécial consacré à la Chapelle du Martyre.

Du temps de Marie de Beauvilliers, plusieurs ordonnances royales confirmèrent l'abbaye de Montmartre dans la possession de tous les biens qui lui restaient.

En 1609, Henri IV rappela les donations de ses prédécesseurs et affranchit les religieuses de tous droits pour le transport des denrées nécessaires à leur usage. Louis XIII et Louis XIV renouvelèrent, en 1618 et 1648, les privilèges du monastère; dans la suite, Louis XV rendit, en 1726, un édit qui les confirma pour la dernière fois.

Marie de Beauvilliers mourut en 1657, âgée de 83 ans. Dès l'année 1633, elle avait choisi pour coadjutrice sa nièce, Henriette-Catherine de Beauvilliers, que la mort lui enleva au bout de cinq ans. L'année suivante, elle associa au gouvernement de l'abbaye Marie-Catherine-Henriette d'Escoubleau de Sourdis, qui mourut aussi peu de temps après. La princesse Françoise-Renée de Lorraine devint alors coadjutrice. Ces différents choix amenèrent de longs troubles parmi les religieuses qui, d'après les démarches faites par leur abbesse, dans les premières années de son administration, avaient espéré ressaisir enfin leur droit d'élection. Mais, Marie de Beauvilliers avait cru devoir changer de système, afin d'assurer le maintien de la réforme. Pendant les soixante années qu'elle passa dans l'abbaye, elle reçut les vœux de deux cent-vingt-sept religieuses, dont quarante furent appelées à gouverner des monastères. Le roi Louis XIII prétendait que sa conscience était toujours en repos, quand il conférait une dignité à quelque religieuse formée sous la direction de la pieuse abbesse de Montmartre.

Longévité des religieuses. — Les archives du royaume renferment des actes d'où résultent de curieux détails sur la longévité de plusieurs religieuses de Montmartre. Marie Laubigeois avait prononcé ses vœux en 1542, et mourut en 1616, âgée de 93 ans. Marie Bruslard, dont la profession datait de l'an 1544, vécut jusqu'en 1610; elle avait alors 90 ans. Enfin, Piérette Rouillard mourut centenaire en 1612, après avoir vécu sous huit rois de France et dix-huit souverains-pontifes. Elle avait fait ses vœux en 1532, en présence de l'abbesse Antoinette Auger. A l'âge de 98 ans, elle assistait encore régulièrement aux offices de la nuit.

Françoise Renée de Lorraine était fille de Charles, duc de Guise, et de Catherine de Joyeuse. Renée de Lorraine, sa tante, abbesse de Saint-Pierre de Reims, l'avait élevée pour la vie religieuse, en avait fait une coadjutrice, et lui laissa en mourant le gourvernement de ce monastère. Mais, dans un voyage qu'elle fit à Paris, en 1643, elle céda aux instances de Marie de Beauvilliers, prit la détermination de se vouer à la continuation de la réforme entreprise par cette abbesse, et renonça aux honneurs dont elle était déjà en possession, pour devenir, en 1644, simple coadjutrice à Montmartre. Après la mort de Marie de Beauvilliers, elle reçut la bénédiction abbatiale dans la vieille église de Saint-Denys. Cette cérémonie se fit avec une pompe extraordinaire, par le ministère d'Antoine Barberini, cardinal, grand aumônier de France, archevêque de Reims, en présence de l'abbesse de Fontevrault, de celle de Jouarre, de neuf évêques, et d'un immense concours de nobles personnages (1).

Construction de Galeries. — De grands travaux s'exécutaient alors dans l'abbaye. Comme les religieuses ne pouvaient se rendre au prieuré du Saint-Martyre, sans être exposées aux intempéries des saisons, Catherine de Joyeuse, alors veuve du duc de Guise, avait fait commencer, en 1647, à la prière de sa fille, une longue galerie de communication, qui conduisait, par divers degrés, de la vieille chapelle du Saint-Martyre à l'église haute. La première dépense s'éleva, suivant les actes du temps, à la somme de vingt-trois mille livres. Cette galerie, qui rap-

1. Sur une plaque de marbre noir, oubliée dans une chapelle, et tirée de je ne sais quelle partie de l'église, j'ai lu :
« Par la permission de très haulte et très illustre princesse Madame Renée Fran-
« çoise de Lorraine très digne abbesse de ce royal monastère. »

pelait, quoique sur une moins vaste échelle, les portiques de la madone de Boulogne, fut terminée du temps de Françoise de Lorraine. La duchesse de Guise ne borna pas là ses libéralités. Elle enrichit le trésor du monastère d'un grand nombre d'ornements précieux. Marie de Lorraine sa fille, connue sous le nom de mademoiselle de Guise, hérita de ce pieux attachement pour l'abbaye de Montmartre. Après avoir donné vingt-cinq mille livres pour acquitter les dettes contractées lors de la reconstruction des murs de clôture, elle offrit à l'église des parements d'autels et des lampes d'argent. A la mort de son frère, Henri de Lorraine, duc de Guise, elle consacra une somme de trente mille livres à l'entretien perpétuel de trois filles pauvres, qui devaient être admises sans dot au nombre des religieuses de Montmartre, à la charge de prier pour l'âme du défunt. Avant de mourir, elle légua encore une rente de 400 livres, pour fonder une messe de *requiem*. En 1664, Henriette et Marie de Lorraine reçurent de leur mère, la duchesse de Chevreuse, en prenant le voile à Montmartre, une dot de quarante mille livres qui furent employées à l'achèvement des bâtiments de l'abbaye et du prieuré. De son côté l'abbesse, dont la famille sacrifiait ainsi des sommes importantes pour rendre au monastère la splendeur dont il avait jadis brillé, fit reconstruire la porte de l'abbaye et décorer avec luxe les deux églises renfermées dans l'enceinte. Les religieuses, afin de témoigner à leurs bienfaitrices une juste reconnaissance, associèrent la maison de Lorraine à toutes leurs bonnes œuvres, et prirent l'engagement de célébrer, chaque année, un service solennel, en mémoire de tous les princes ou princesses de cette noble race.

Réunion de l'abbaye et du prieuré. — Un changement mémorable signala les dernières années du gouvernement de Françoise de Lorraine. Depuis le rétablissement de la réforme et la fondation du prieuré des Martyrs, les religieuses avaient manifesté plusieurs fois le désir de quitter les édifices délabrés de l'antique abbaye, pour transférer leur habitation au bas de la montagne, dans un lieu plus commode et moins exposé à la violence des orages. Les dépenses énormes, que devait entraîner ce déplacement, avaient toujours arrêté la réalisation de leurs vœux ; malgré la générosité de la maison Lorraine, il semblait impossible de trouver les ressources nécessaires à la construction complète d'une nouvelle abbaye, quand le roi leva tous les obstacles en promettant de pourvoir aux frais des bâtiments. Ce prince voulait par là rendre grâce à Saint-Denys, dont il croyait avoir obtenu sa guérison dans une grave maladie. A la suite de la promesse royale, le 12 août 1681, François de Harlay, archevêque de Paris, pair de France et premier duc de Saint-Cloud, permit de réunir les deux communautés de l'abbaye et du prieuré en une seule, afin que l'office monastique ne se fit plus désormais que dans la chapelle du Saint-Martyre. Il autorisa, en même temps, les religieuses à transporter au prieuré les reliques, châsses, ou ornements appartenant au chœur « et aux autels de l'église haute, à disposer de cette « église pour l'augmentation de celle de la paroisse, sans « néanmoins toucher aux tombeaux qui sont en icelle, à « démolir tous les lieux réguliers, sauf cependant le bas « côté de l'église, qui est joignant le vieil cloître ou il sera « placé une grille pour les stations et processions, qui se « pourront faire par les dites religieuses. » Les lettres de l'archevêque furent l'arrêt de mort de l'antique abbaye. Les bâtiments claustraux tombèrent en partie sous le marteau, et leurs pierres servirent à la construction du nouveau monastère. De ce moment date la dégradation toujours croissante de l'église haute, dont notre siècle aura bientôt à déplorer l'entière destruction, si de prompts travaux ne viennent consolider les voûtes croulantes du transept et de l'abside.

L'abbesse Françoise de Lorraine mourut âgée de 63 ans, le 4 décembre 1682, et fut inhumée dans l'église haute qui paraît avoir continué de servir de sépulture aux religieuses et à leurs supérieures.

Un traité fut conclu à Montmartre, le 6 avril 1662, entre Louis XIV et Charles IV, duc de Lorraine. Ce prince s'engagea à laisser tous ses états en héritage au roi, avec promesse de livrer la ville de Marsal pour sûreté de l'exécution du traité, à condition que tous les princes de la maison de Lorraine seraient déclarés princes du Sang de France. Le Parlement vérifia les clauses de cette convention ; mais, il en ajourna l'enregistrement à l'époque où elle aurait été revêtue des signatures de toutes les parties intéressées, ce qui ne put jamais avoir lieu.

Le duc Charles avait été reçu à Montmartre par l'abbesse dans un édifice dépendant de l'abbaye.

Marie-Anne de Lorraine d'Harcourt, fille de François d'Harcourt, comte de Rieux, et d'Anne d'Ornano, fut pourvue, en 1683, de l'abbaye de Montmartre. Elle n'avait alors que 25 ans, et, depuis l'âge de 4 ans, elle avait été placée dans le monastère par ses parents, qui ne devaient pas avoir trop consulté sa vocation pour le cloître. Elle fut bénite seulement en 1697, sans aucun appareil, dans son église abbatiale. Sa mort arriva le 29 octobre 1699. Dans un acte daté de l'année 1698, elle prend les titres suivants, qui font un singulier contraste avec les humbles qualifications des anciennes abbesses. « Très illustre prin-
« cesse, Madame Marie-Anne de Lorraine, abbesse de
« l'abbaye royale de Notre-Dame de Montmartre, dame
« du dit lieu, de Clignancourt, des Porcherons, du For-
« aux-Dames à Paris, de Menu à Boulogne, de Bourg-la-
« Reine et autres lieux. »

Le 24 décembre 1699, le roi nomma à l'abbaye de Montmartre, vacante par la mort de Madame de Lorraine, Marie-Eléonore Gigault de Bellefonds, prieure de Sainte-

Marie-des-Anges à Rouen, née à Paris en 1658, fille du marquis de Bellefonds, maréchal de France, chevalier des Ordres, et de Madeleine Fouquet.

Cette abbesse gouverna le monastère près de dix-sept ans et mourut le 28 août 1717, laissant une grande réputation de douceur et de charité. Son éloge, gravé sur un marbre, se lisait autrefois dans l'église haute.

On conserve au cartulaire son acte de profession religieuse, prononcé le 1er novembre 1675, devant Léonore de Bellefonds, abbesse de Montivilliers.

Marguerite de Rochechouart de Montpipeau, élevée à Fontevrauld par l'abbesse Gabrielle de Rochechouart, avait reçu dans cette illustre abbaye une éducation brillante; les langues grecque et latine lui étaient devenues familières. Elle remplissait à Fontevrauld les fonctions de prieure quand, le 13 septembre 1717, elle fut nommée, contre sa volonté, abbesse de Montmartre. Des dettes immenses, causées par la reconstruction générale des bâtiments claustraux et de la nouvelle église, grevaient alors l'abbaye. Le premier soin de Madame de Rochechouart fut d'invoquer l'appui de la munificence royale. Elle obtint une pension annuelle de douze mille livres, qui ne devait cesser qu'après l'entier paiement de tous les créanciers, et qui paraît avoir été continuée jusqu'à la ruine du monastère.

L'abbesse mourut, le 22 octobre 1727, à l'âge de 62 ans.

Louise-Emilie de la Tour d'Auvergne, dont le père était Frédéric Maurice, comte de la Tour d'Auvergne, et dont la mère, Henriette, appartenait à la famille de Hohenzollern, gouverna huit ans l'abbaye de Montmartre. Une cruelle paralysie l'obligea, en 1735, à se démettre de ses fonctions. Elle se choisit une retraite à Paris, dans le prieuré du Cherche-Midi, où elle mourut, âgée de soixante-dix ans, le 1er juin 1737. Le grand prieur de Saint-Germain-des-Prés vint présider à la cérémonie des obsèques, et fit inhumer cette abbesse dans le chœur du couvent qui lui avait servi d'asyle.

Nommé abbesse en 1735, Catherine de la Rochefoucauld de Cousages, posséda cette dignité jusqu'à sa mort, survenue en 1760. Pendant cette longue administration, l'église haute s'embellit de sculptures précieuses, et celle des Saints-Martyrs, reçut aussi de nouvelles décorations. Mais, tout en rendant justice à la piété de l'abbesse, il faut déplorer le mauvais goût qui défigura une partie des piliers de l'antique église, et fit disparaître les sculptures de leurs chapitaux sous des tables de pierre d'un style, qui n'offrait aucun rapport avec le système architectural de l'édifice.

Catherine de la Rochefoucauld prévit plus d'une fois, sans doute, le sort qui menaçait déjà les vieilles institutions monastiques. Mais du moins, elle ne vit pas la ruine de son monastère. Elle fut déposée en paix au milieu des tombes des abbesses qui l'avaient précédée, et dont les monuments remplissaient l'abside de l'église haute.

Ces funèbres caveaux ne devaient plus s'ouvrir que pour se voir arracher les cendres qu'ils recélaient ; aucune abbesse n'y devait désormais descendre. La pierre qui recouvrait Madame de la Rochefoucauld, a été arrachée du pavé du chœur, et sciée en deux parties pour servir à la construction des marches de l'autel.

On y lit encore cette simple et noble inscription :

D. O. M.
ICY REPOSE
TRÈS ILLUSTRE DAME
CATHERINE DE LA
ROCHEFOUCAULD
DE COUSAGES,
ABBESSE DE CETTE
ABBAYE, DÉCÉDÉE LE
NEUF DE SEPTEMBRE 1760
AGÉE DE ANS APRÈS
AVOIR GOUVERNÉ 25
ANS.

« Le 14 décembre 1760, le Roi, bien informé des bonnes « vie, mœurs, piété, suffisance, capacité et autres vertueu-« ses qualités de la dame Louise de Montmorency Laval, « religieuse bénédictine du prieuré de Saint-Julien-duPré-« au Mans, lui accorda et fit don de l'abbaye de Montmar-« tre vacante par le décès de madame de la Rochefoucauld. » Louise de Montmorency fut la 43e et dernière abbesse de Montmartre.

Le souvenir de ses vertus vit encore dans le cœur de quelques-unes de ces religieuses échappées aux proscriptions de 1793. Après avoir gouverné l'abbaye pendant trente ans, elle en fut expulsée, en 1790, par le fameux décret de l'Assemblée nationale qui supprima tous les ordres monastiques (le 23 juillet 1790). Trois ans après, elle porta sa tête sous l'échafaud, pour expier le double crime d'avoir porté la crosse abbatiale et d'appartenir à la noble race des premiers barons chrétiens. La vieillesse avait altéré en elle les organes de l'ouïe et de la vue. Comme elle ne pouvait lire les pièces qu'on lui présentait, et qu'elle n'entendait point les questions qui lui étaient adressées : *Qu'elle soit condamnée, s'écria un des juges du tribunal révolutionnaire, pour avoir conspiré aveuglement et sourdement contre la République.* L'infortunée récita jusques sous le glaive l'hymne consacré à la mère du Sauveur. Ainsi, par une inexplicable fatalité, ce fut sur une des plus saintes abbesses de Montmartre que sembla s'acharner la mystérieuse vengeance du ciel.

DÉVASTATION DE L'ABBAYE. — Les fureurs du vandalisme s'exerçèrent à Montmartre, comme elles le firent à Saint-Denis. Le tombeau de la reine Adélaïde fut brisé par des hommes qui croyaient anéantir l'histoire en renversant les monuments. Tout ce qui servait à la décoration des deux églises fut impitoyablement dispersé ou détruit. A peine le courageux conservateur du Musée des Petits-Augustins parvint-il à protéger contre la rage des iconoclastes une magnifique statue de saint Denys, qu'il fit transporter à Paris. Enfin, les bâtiments délabrés de l'abbaye furent vendus le 24 floréal an II (13 mai 1794) pour la somme de 201,000 l. au sieur Constant, qui en commença, aussitôt la démolition, afin de tirer parti des matériaux (1).

*
* *

Maintenant que nous avons développé les vicissitudes du monastère, depuis sa fondation jusqu'à sa ruine, il nous resterait, si nous en voulions compléter l'histoire, à redire les travaux entrepris à plusieurs époques sur la montagne pour la défense de Paris ; le dévouement que montrèrent, en de funestes circonstances, les élèves de l'Ecole polytechnique ; les derniers efforts de la garde nationale disputent à l'étranger l'entrée de la capitale ; et plus tard, enfin, les savantes investigations de Cuvier. Mais ces faits appartiennent à l'histoire contemporaine, et nous ne devons pas oublier qu'il faut nous restreindre à parcourir le domaine de l'archéologie, d'une étendue déjà si vaste et d'une exploration si difficile.

---

1. Voir l'acte de vente de l'abbaye : *Bulletin du Vieux Montmartre*, n° 31 (1897). Les chiffres d'aquisition, date et noms des acquéreurs sont en blanc dans le manuscrit. En réalité les bâtiments eurent quatre acquéreurs : Pierre Richard, plâtrier, rue Rochechouart, paya 18,600 livres, la maison du bailliage et ses dépendances ; Afrodites Carles, maçon, rue Miroménil, et Raimon se virent adjuger les bâtiments de la basse-cour pour 38,000 livres ; Constant donna 201,000 livres des bâtiments conventuels ; la citerne et les prisons échurent pour 30,900 livres à Orsel, demeurant rue de la Montagne, à Passy.

Possessions de l'Abbaye
Bâtiments claustraux — Eglise haute
Eglise du Saint-Martyre
Cérémonies — Pélerinages
Superstitions
Procession septennaire des Moines de Saint-Denys.

ETAT DES REVENUS EN 1763. — Un état des revenus et des charges de l'abbaye, dressé en 1763, du temps de madame de Montmorency, et conservé maintenant aux archives du Royaume, donne quelques détails sur la situation du monastère, peu d'années avant les événements qui en décidèrent la ruine.

Les diverses rentes appartenant à l'abbaye formaient un total de 45.284 £ 15^{s} 8^{d}. Les charges annuelles s'élevaient à 55.069 £, et les dettes à 25.437 £. Ainsi, non seulement les ressources étaient insuffisantes pour satisfaire aux charges ; mais il existait encore un arriéré considérable. L'abbaye possédait bien en créances exigibles une somme de 43.697 £ 5^{s} 4^{d}, provenant, pour la plus grande partie, de donations testamentaires. Mais on n'était plus au temps où les familles s'empressaient d'exécuter les dispositions faites en faveur de l'église. Elles élevaient au contraire des difficultés toujours nouvelles, et le recouvrement de cette somme n'offrait que bien peu de chances favorables.

Personnel de l'abbaye. — On voit figurer, au nombre des charges, pour 700 £ le gros du curé et de son vicaire ; le traitement du confesseur est porté à 256 £, et celui de l'intendant à 1000 £. Ainsi, le gérant des affaires temporelles percevait une somme plus forte à lui seul, que le clergé paroissial et le directeur de la conscience des religieuses. Quarante-huit professes composaient alors la communauté ; il fallait dépenser vingt-quatre milles livres pour leur entretien. Chacune coûtait ainsi 500 £, et cela, disent les titres, depuis l'augmentation de toutes les denrées nécessaires à la vie. Dix-sept domestiques étaient attachés à leur service.

Droits des abbesses. — Depuis le douzième siècle, les abbesses, devenues dames de Montmartre, y possédaient tous les droits féodaux, parmi lesquels figurait au premier rang celui de haûte, moyenne et basse justice. Un bailli prononçait des arrêts en leur nom. Il existe encore quelques ruines des prisons. Le pilori se trouvait à l'angle d'une place plantée d'arbres, voisine de l'église ; plusieurs personnes se souviennent d'avòir vu pendre en cet endroit.

Seigneurie de Clignancourt. — La seigneurie de Clignancourt ne commença qu'au dix-septième siècle à faire partie du domaine de l'abbaye. Jusqu'à cette époque, les moines de Saint-Denys paraissaient en être demeurés possesseurs. Un arrêt du parlement, rendu le 9 avril 1595, leur permit d'aliéner une partie de leurs biens, représentant un capital de trente mille écus, pour acquitter les dettes de leur monastère, et, l'année suivante, ces religieux cédèrent la terre de Clignancourt à Jacques Ligier, bourgeois de Paris, trésorier du cardinal de Bourbon. Déjà propriétaire d'un bien situé dans le même lieu, le nouvel acquéreur avait fait construire, en 1579, presque au pied de la montagne, une chapelle dédiée à la Sainte-Trinité, où il obtint la permission de faire dire la messe. Une épitaphe, placée autrefois à Saint-Séverin, donnait à Jacques Ligier la qualité de seigneur de Montmartre. Son fils, qui portait aussi le nom de Jacques, fonda, en 1620, une messe quotidienne dans la chapelle de la Trinité. L'abbé Lebeuf ne peut s'expliquer comment la seigneurie de Clignancourt, vendue ainsi en 1596, le fut une seconde fois par les mêmes moines de Saint-Denys, et les recherches faites à cet égard dans les titres de l'abbaye de Montmartre, n'ont point éclairci cette question. Cependant il est certain qu'en 1669, les religieuses acquirent du cardinal de Retz, alors abbé de Saint-Denys, le fief de Clignancourt, moyennant une somme de 25,923 £ 7 s. 6 d., et à la charge de payer à la mense abbatiale du mônastère de Saint-Denys, pour les droits de relief de cette terre qui devait rester dans la *(sic)* de ses anciens seigneurs, une somme de 1000 livres, au moment de l'installation de chaque nouvelle abbesse de Montmartre.

Chapelle de la Trinité. — Les religieuses conservèrent jusqu'à leur suppression ce domaine qui tirait à leurs yeux sa principale importance de sa proximité de leur abbaye. En 1728, elles obtinrent de l'autorité épiscopale que la messe fondée à la chapelle de la Trinité, ne se dirait plus que les jours de fêtes et dimanches, l'obligation de la faire célébrer chaque jour leur ayant paru trop onéreuse. Cet oratoire, qui n'offrait rien de curieux, a disparu presqu'entièrement.

La maison seigneuriale de Clignancourt, rétablie à une époque moderne, se distingua des autres habitations par une tourelle, dernier vertige de la puissance féodale. La redevance, imposée par le cardinal de Retz, fut payée avec exactitude : elle figurait encore, en 1790, au nombre des charges de l'abbaye.

Bourg-la-Reine. — La haute justice de Bourg-la-Reine dépendait aussi de Montmartre. Le comte de Saint-Florentin, seigneur de ce bourg, reconnaissait le droit des religieuses, et leur payait, en 1763, une rente de 150 l., pour le loyer de la prison qu'elles y avaient anciennement construite.

Le Fort des Dames. — Une des propriétés les plus importantes des religieuses consistait dans le fief de Fort des Dames, dont le siège était ordinairement situé à Paris, dans la rue de la Heaumerie. Le nom de Fort des Dames s'était formé par altération des mots *Furnum Dominarum*, four des Dames. Ce fief composé dans le principe d'un simple four donné à l'abbaye par le roi Louis VI, avait bien changé de nature depuis que la rive septentrionale de la Seine s'était couverte d'habitations toujours plus nombreuses. Cent-dix maisons, élevées sur les terrains qui dépendaient jadis du four, payèrent, pendant plusieurs siècles, une rente annuelle aux Dames de Montmartre. Les religieuses y possédèrent longtemps le droit de justice, haute, moyenne et basse, et le firent exercer par un bailli, dont les appels se portaient sans degré intermédiaire, à la cour du parlement. La haute justice de ce fief fut enlevée à l'abbaye en 1674, quand Louis le Grand ne voulut plus permettre que, dans l'enceinte de la capitale, il y eût d'autres seigneurs hauts justiciers que le roi. Mais, en 1676, il autorisa l'abbesse à transférer à Montmartre le siège de cette juridiction, et réserva aux religieuses la justice foncière du *Fort des Dames*. Il paraît que leur bailli tint désormais ses séances dans une vieille tour, située au pied de la Montagne, et peu éloignée des murs de Paris. Détruit depuis la Révolution, ce prétoire féodal a donné à une des rues voisines de son ancien emplacement le nom de la rue Tour-des-Dames.

Ainsi, jusqu'au règne de Louis XIV, l'abbesse de Montmartre prit rang parmi les 25 seigneurs hauts justiciers de la ville de Paris, « tous les quels, au rapport « du père Du Breul, ont leurs juges, qui éxercent ordinai- « rement leurs justices sur leurs subjets, ont leurs pois et « mesures revenant aux mesures du roy, hormis pour le « vin. Et sont toutes diverses en grandeur, estant les unes « plus grandes, les autres plus petites, et néanmoins ne « sont moins grandes que celles du roy. Les dits seigneurs « prétendent aussi droict de voiries et chacun d'eux ont « leurs voyers à part ».

CHAPELLE SAINTE-ANNE. — Tout le terrain, occupé par les quartiers des Porcherons et de la Nouvelle-France, se trouvait compris dans la censive de l'abbaye. Les religieuses y construisirent une chapelle consacrée à sainte Anne, et le 11 août 1656, l'archevêque de Paris permit d'y célébrer la messe, à condition que les fidèles des quartiers voisins continueraient de reconnaître pour leur pasteur le curé de Montmartre. Cette chapelle fut longtemps aux dépens d'une confrérie nombreuse placée sous le patronage de sainte Anne. Nicolas Gaillard laissa, en 1680, par son testament, cent francs de rente pour réparer l'édifice, à condition que les religieuses feraient prier Dieu pour le repos de son âme.

NOTRE-DAME DES PORCHERONS ET DE LORETTE. — L'abbé Lebeuf indique une autre chapelle érigée dans l'étendue de la paroisse de Montmartre, et connue sous le titre Notre-Dame des Porcherons. Une confrérie de Notre-Dame de Lorette, instituée vers le milieu du XVIIe siècle, se chargea d'y faire célébrer le service divin. Le nom de cette confrérie s'est perpétué jusqu'à nos jours, en devenant celui d'une église paroissiale récemment construite au pied du Mont des Martyrs.

Revenus de l'abbaye. — Tous les auteurs ne sont pas d'accord sur la quotité des revenus de l'abbaye et le nombre des religieuses. D'après la description de Paris, par Piganiol de La Force (édition de 1765), l'abbaye de Montmartre jouissait alors de 28.000 £ de rente, et de six mille de pension sur la cassette du roi ; on comptait, dans le monastère, une abbesse, soixante professes, et douze sœurs converses. Une description de Paris, publiée en 1787, évalue les revenus à 30.000 £ et ne porte le nombre des personnes composant la communauté qu'à cinquante-cinq, y compris les sœurs, mais sans compter plusieurs pensionnaires qui recevaient, dans le couvent, une éducation soignée. Le prix de ces pensions était de 500 £. Enfin l'almanach royal de 1789, n'élève pas à plus de 18.000 les ressources de l'abbaye. Mais, comme cette évaluation officielle servait de base à la taxe exigée par la cour de Rome, elle ne doit inspirer que peu de confiance. Pour approcher de la vérité, il faut presque toujours en pareil cas doubler le chiffre indiqué.

Affaires temporelles. — Quand les religieuses avaient à traiter de leurs affaires temporelles, l'abbesse les faisait convoquer au son de la cloche, devant la grille du parloir. Là elles entendaient la lecture des actes relatifs aux biens du monastère, et les revêtaient de leurs signatures, après avoir exprimé librement leur avis.

Formule de vœux. — Parmi les titres conservés aux Archives du royaume, se trouvent plusieurs formules de vœux que les religieuses de Montmartre prononçaient au moment de leur profession. En voici deux :

IHS †

MAR

Je sœur Marie Catherine d'Antraigue dite de Ste Ambroise, promets stabilité sous clôture, conversion de mes mœurs, chasteté, pauvreté et obéissance, selon la règle de notre bienheureux père St Benoît, et les statuts de la réforme établie en ce lieu du Mont des Martyrs, en vertu d'un décret du St Siège apostolique, par Etienne jadis évêque de Paris, et Henri aussi évêque de Paris, en l'honneur de Notre Sauveur, de sa très glorieuse Mère, des Saints Martyrs Denys et ses compagnons, de la très bienheureuse Vierge Ursule et de ses très illustres compagnes, en mémoire de tous lesquels cetteéglise est fondée, en présence de révérendissime et illustrissime Dame et Mère Madame de Rochechouard abbesse de ce monastère, l'an du Seigneur 1725 et le 13e jour du mois de Novembre.

Sœur Marie Catherine d'Antraigue
dite de Saint-Amboise †.

IHS †

MAR

Je sœur Anne Boguet dite de St-Hippolyte, promets stabilité sous clôture, conversion de mes mœurs, chasteté, pauvreté et obéissance, selon la règle de notre bienheureux père St Benoit, et les statuts de la réforme establie en ce Saint lieu du Mont des Martyrs en vertu d'un décret du Saint Siège apostolique, par révérend père en Dieu Estienne Poncher autrefois évêque de Paris et Henri de Gondi, aussi évêque de Paris, en l'honneur de Notre Sauveur Jésus-Christ, de sa très Sainte Mère, des Martyrs Saint Denys et ses compagnons, de Sainte Ursule et ses compagnes, en mémoire desquels cette église est fondée, en présence de révérendissime et illustrissime princesse Madame Louise Emélie de la Tour d'Auvergne, Mère abbesse de ce monastère, l'an de grâce 1733, du mois d'août l'onsiesme.

Sœur ANNE BOGUET DE St-HIPPOLYTE ✝.

BATIMENTS DESTINÉS A L'HABITATION DES RELIGIEUSES. — En traçant l'histoire des abbesses, nous nous sommes surtout attachés à faire celle des édifices dont se composait l'abbaye. Toutefois, avant de commencer la description de l'église haute, et de grouper ensuite tous les faits particulièrement relatifs à la chapelle du Saint-Martyre, il est bon de jeter un dernier regard en arrière sur les nombreuses vicissitudes des bâtiments claustraux.

LE MONASTÈRE. — Elevé, vers le milieu du XIIe siècle, par la munificence royale, le monastère attestait alors, suivant les chartes du temps, par son étendue et sa somptuosité, la puissance de ses fondateurs. Il paraît avoir subsisté dans son primitif état, sans éprouver de changements notables, jusqu'au règne fatal de l'infortuné Charles VI. Mais alors, commença une ère de décadence. Les ravages des guerres laissèrent sur les murailles de l'abbaye leurs tristes empreintes, et si, à la fin du XVe siècle, l'autorité épiscopale, justement alarmée sur le sort futur du monastère, n'en eût hâté, par son zèle, la reconstruction, la ruine en était devenue inévitable.

Un siècle plus tard, le fracas des armes succéda encore une fois dans cette enceinte au chant des hymnes sacrés ; la corruption pénétra dans l'abbaye, à la suite des hommes de guerre ; les religieuses séduites ou dispersées abandonnèrent le cloître ; les édifices, dégradés par une soldatesque grossière, demeurèrent pendant plusieurs années, dans un funeste état de solitude et de dévastation. Aussi, quand Marie de Beauvilliers parvint au gouvernement de l'abbaye, elle ne trouva que des murailles croulantes et une église saccagée. Le courage de cette abbesse ne se laissa point abattre par le spectacle d'un tel désordre ; ses mains eurent bientôt relevé les bâtiments nécessaires aux exercices de la vie monastique. Dans ce même temps une colonie de sœurs, sortie de l'antique monastère sous la conduite d'une prieuse, forma un établissement nouveau, près de la fameuse chapelle du Saint-Martyre. Les édifices du haut de la Montagne ne suffisaient plus à l'habitation des religieuses attirées de toutes parts à Montmartre pour suivre les inspirations de la sainte abbesse. Séparées d'abord l'une de l'autre, les deux communautés célébrèrent chacune leurs offices dans une église distincte. Un vaste terrain, fermé cependant de murailles, s'étendait entre les deux couvents. Dans la suite, une longue galerie, élevée aux frais de la duchesse de Guise, rendit plus faciles et toujours praticables, les communications entre l'abbaye et le prieuré. Enfin, à l'époque du déplacement du titre abbatial, le prieuré, devenu désormais le chef-lieu de la congrégation, prit une extension toujours croissante, aux dépens du monastère primitif, et renferma bientôt une église d'une étendue importante.

Ainsi, se trouvaient réunis à Montmartre deux monastères, dont l'un remontait au XIIe siècle, tandis que l'autre n'avait pris naissance qu'au XVIIe siècle ; une basilique, dont l'origine appartenait aux premiers temps du christianisme ; enfin, une seconde église, élevée sous Louis XIII et embellie sous Louis XIV. Tels sont les quatre édifices que nous allons essayer de décrire.

L'ABBAYE D'EN-HAUT. — Abandonnés lors de la fondation du prieuré, les bâtiments du monastère supérieur tombèrent peu à peu en ruines. On en détruisit même quelques portions, dont les matériaux furent employés aux constructions nouvelles. Cependant, lors de la vente de l'abbaye, à l'époque de la Révolution, il existait encore de nombreux vestiges du cloître et des bâtiments de service. Le cloître était placé sur le flanc méridional de l'église haute, du côté de Paris. Il offrait, suivant l'usage, une forme quadrangulaire. Ce monument a disparu, dans les premières années de notre siècle. De rares fragments, exhumés au milieu des ruines, tels que des bases de colonnes et des morceaux d'archivoltes, sont aujourd'hui les seuls indices dont nous puissions faire usage pour nous former une idée du style de ces galeries. Les bases des colonnes, ornées d'élégants feuillages sur leurs angles, et les moulures des archivoltes, révèlent le goût du XIIIe siècle. Le cloître appartenait, comme l'abside, au règne de Philippe-Auguste, et ses ogives reposaient sur un double rang de colonnettes arrondies, dont le diamètre n'atteignait pas la longueur d'un demi-pied. Des consoles, enchâssées dans les murs, soutenaient les images des saints protecteurs de la maison.

CONSOLES. — Deux de ces consoles ont été retrouvées. L'une, décorée sur son épaisseur de feuilles de vignes et de grappes disposées en rinceaux légers, atteste les restaurations faites à l'abbaye dans le XVe siècle ; l'autre, d'un style plus fin et ornée d'enroulements, de petits écussons malheureusement mutilés, et de têtes de chérubins autrefois couvertes de dorures, rappelle le faire de la Renaissance. Ces deux consoles ont chacune 2 pieds 8 pouces de longueur.

Des sépultures antiques donnaient aux galeries claustrales un aspect religieux et sévère. Violées pendant les troubles de la Révolution, elles ont subi le sort de presque tous les monuments relatifs aux distinctions de l'église ou de la féodalité. On en remarque plusieurs débris dans les murs intérieurs de l'église. Ce sont trois couvercles de cercueils, à forme oblongue, plus larges à la tête que vers les pieds, et sur lesquels se voient sculptées en relief de grandes croix fleuronnées. Sur une de ces croix, une tête de femme remplit le point de réunion des quatre bras ; sur une autre, un agneau pascal, accompagné de l'étendard de la résurrection, occupe la même place (1). Le puits, creusé au milieu du préau du cloître, a été conservé. Un jardin, converti en calvaire, couvre tout l'espace ou s'élevaient les bâtiments habités par les religieuses. Quelques pans de mur, indiquaient la position de la geole et du prétoire où le bailli du monastère faisait renfermer ses justiciables et tenait ses assises. On peut visiter aussi de vastes caves, aujourd'hui presque abandonnées, et qui prouvent par leur solidité le soin qu'on avait mis à construire le monastère. Une partie des édifices se prolonge derrière l'église, leurs fondations sont encore apparentes. Du temps de l'abbé Lebeuf, l'entrée du monastère, rebâtie par une des abbesses de la maison de Lorraine, et couronnée d'écussons blasonnés, se trouvait à côté de l'église, sur l'emplacement actuel d'un petit cimetière privilégié. Les bâtiments de service entouraient une grande cour, qui a conservé le nom de cour du Pressoir.

Abbaye d'en-bas. — La nouvelle abbaye du bas de la montagne se composait également d'un cloître et de vastes édifices. On y parvenait par une porte très simple, qu'on voit encore, à peu de distance de l'endroit, où vient d'être construite la mairie de Montmartre. Une cour divisée en parterres précédait l'église, et le cloître s'étendait sur la gauche, entre l'église et la montagne. Il ne subsiste plus rien de tous ces bâtiments, dont Louis XIV avait voulu faire les frais. Deux corps de logis, destinés aux gens de service, ont seuls échappé à la destruction ; on les reconnaît aisément à leurs aspect suranné, à leurs murs

1. Quelques-uns de ces fragments ont été portés à Paris, au Musée de Cluny. Voir le catalogue.

flanqués de contreforts et à leurs combles élevés que surmontent de larges girouettes. Après avoir traversé les cloîtres entourés d'arcades et de colonnes, on entrait dans les jardins, dont le principal ornement consistait en une large terrasse pratiquée, dit-on, sur les débris du vieux temple de Mars. Une petite chapelle, bâtie à l'extrêmité de cette terrasse, portait le nom de Saint-Benoit, que les religieuses honoraient d'unculte spécial, et dont elles croyaient posséder les reliques. Indépendamment de sa porte principale, le monastère avait deux entrées secondaires, l'une en face de la rue des Martyrs, l'autre sur le penchant de la montagne le long du chemin vieux.

Il est impossible maintenant de se rendre un compte exact de l'ancienne disposition des édifices. Les excavations, sans cesse renouvelées sur le flanc de la montagne pour l'extraction du plâtre, ont entièrement bouleversé le sol. On peut dire avec vérité que l'emplacement même du monastère a disparu. La galerie qui conduisait à l'église haute, est tombée sous le marteau. Elle consistait en un immense corridor voûté, construit dans l'endroit le plus rapide de la montagne, et partagé dans sa longueur, en plusieurs étages avec des escaliers pour monter des uns aux autres. Des murs épais, appuyés à des intervalles égaux par des contreforts, soutenaient ce bizarre édifice et avaient permis de donner à la galerie une pente moins difficile que celle de la montagne. Une précieuse gravure d'Israël Sylvestre, reproduit complètement cette construction. La galerie s'élevait en serpentant jusqu'à l'ancienne abbaye, d'où les religieuses parvenaient ensuite à l'église par le vieux cloître. Des ruines de voûtes et de murailles, qu'on reconnaît vers le sommet de la montagne, marquent le point où elle se rattachait au monastère.

Ensemble de l'église haute. — Dans une space d'une médiocre étendue, l'église de Montmartre semble offrir un résumé des vicissitudes subies par notre architecture nationale. Des marbres, contemporains de la dynastie mérovingienne, y sont accolés à des piliers romans. Une voûte du XVe siècle s'élève sur des murs qui datent du XIIe. L'abside, réédifiée sous le règne du vainqueur de Bouvines, est précédée de voûtes construites par Louis le Gros. Quelques colonnes, plusieurs chapiteaux historiés, et surtout deux vénérables chapelles sont antérieures à la fondation de l'abbaye. La façade et un collatéral ont été barbarement défigurés dans les dernières années de Louis XV. Enfin, on vient de rétablir, en 1838, le bas-côté méridional.

Avant d'entrer dans les détails architectoniques, il faut étudier un moment les marbres précieux dont nous venons de révéler l'existence, et qui ont échappé jusqu'à ce jour à l'attention des antiquaires. L'abbé Lebeuf lui-même, le seul des auteurs anciens dont l'opinion fasse encore loi en fait d'antiquités du Moyen-âge, n'avait pas remarqué ces sculptures.

ORIGINE DE L'ÉGLISE. — L'église de Montmartre a, comme nous l'avons vu, précédé l'abbaye de plusieurs siècles. La date précise de sa fondation ne sera jamais connue. Mais elle remonte assurément à l'époque où le christianisme, vainqueur du polythéisme, couvrit la terre de temples nouveaux consacrés à la gloire du Dieu rédempteur.

L'importance de Montmartre, prouvée dès les temps les plus reculés par les édifices religieux et civils que les Romains y avaient construits, donne toute l'apparence de la plus rigoureuse exactitude à l'opinion qui place en ce lieu une des premières églises paroissiales du pays des Parisiens. Le Ve siècle fut dans les Gaules un temps de gloire pour la religion du Christ. Alors, Sidoine Appolinaire composait de poétiques inscriptions pour vanter la magnificence des temples. Les fidèles, dans la ferveur de leur zèle naissant, employaient à la décoration du culte divin les matières les plus riches. Les basiliques de Tours et de Clermont se couvraient de peintures et de mosaïques, s'embellissaient de colonnes et de chapiteaux, des marbres les plus rares. A la fin du même siècle, sainte Geneviève relevait, dans le bourg de Cathalagum, l'antique oratoire de Saint-Denys. Quelques années après, Childebert fondait l'abbaye de Saint-Vincent avec une magnificence extraordinaire et la faisait décorer dans le style adopté pour l'ornement des basiliques latines. Clotaire Ier construisit, d'après le même système, la grande église de Saint-Médard de Soissons; et, quand Dagobert fit bâtir son fameux monastère de Saint-Denys, on se servit encore de cette architecture latine, à la fois si riche et si imposante. Ainsi, dès le ve siècle, mais surtout dans les cent-cinquante années qui le suivirent, les églises du pays des Parisiens prirent un éclat qu'elles n'avaient point connu jusqu'alors, et commencèrent à renfermer dans leur enceinte de précieuses sculptures.

Colonnes et chapiteaux de marbre. — C'est à ce temps qu'appartiennent les quatre colonnes et les six chapitaux en marbre de l'église du Mont des Martyrs. Ces respectables débris, témoins de tant de révolutions successives, sont aujourd'hui les plus anciens monuments de l'art chrétien qui aient échappé aux ravages des temps et des hommes, dans l'étendue de la ville et des faubourgs de Paris. Leur exécution ne semble pas antérieure au règne de Clovis. Car avant ce prince, les églises des provinces septentrionales de la France n'offraient point encore tout le luxe déployé dans les basiliques du Midi. Mais, dès que le siège le plus important du nouveau royaume eut été fixé à Paris, de somptueux édifices s'élevèrent dans cette ville. D'un autre côté, le règne de Dagobert serait le dernier auquel on pourrait rapporter le placement des marbres de Montmartre. Sous les successeurs de ce prince, le pays fut en effet livré à de longues guerres intestines, et les arts retombèrent dans une complète barbarie. Plus tard, Charlemagne tenta bien de faire revivre les traditions anciennes dans l'administration et dans les arts; mais les sculptures de cette époque, où les artistes, inspirés par le rétablissement de l'empire, cherchèrent un instant à se reporter vers l'imitation de l'antique, se reconnaissent facilement à la sécheresse de leur exécution, à leur forme cubique, et à une certaine influence byzantine qui se manifestait déjà dans les décorations architecturales. Les colonnes de Montmartre sont en marbre noir veiné de blanc, et les chapiteaux en marbre blanc salin. Ces deux espèces ressemblent parfaitement aux marbres que nous tirons encore des Pyrénées. Les chapiteaux offrent le type corinthien bien caractérisé, mais surchargé d'ornements, au moyen desquels on crut embellir la simplicité antique, dans les temps où la décadence de l'art semblait présager la dissolution prochaine de la société elle-même. Il ne faut point s'étonner de retrouver dans les sculptures qui nous occupent, une reproduction dégénérée sans doute, mais sensible encore, de ces belles feuilles d'acanthe qui couronnaient les colonnes des temples de la Grèce et de Rome. Nos premiers rois, qui se paraient de titres empruntés à la cour impériale, qui faisaient leur demeure dans les palais et dans les prétoires des gouverneurs romains, qui s'efforçaient même de rappeler dans de grossiers amphithéâtres les jeux imposants des maîtres du monde, voulurent imiter aussi les églises élevées par les premiers empereurs chrétiens et conservèrent longtemps les formes architecturales des anciens. Il existe encore à Saint-Denys des chapiteaux de marbre qui ont appartenu à l'église de Dagobert, et qui sont conçus d'après le même principe que ceux de Montmartre. On en conservait autrefois de semblables dans le cloître de Saint-Germain-des-Prés, où ils passaient pour être contemporains de la fondation du monastère par Childebert Ier. Quelques fragments de même genre, provenant de la basilique de Saint-Médard, se rencontrent aussi dans les rues de Soissons. Enfin, la fameuse chapelle des Catacombes de Jouarre, dont l'origine date du commencement de notre monarchie, nous offre encore le modèle d'une de ces mémoires consacrées aux martyrs de la foi; elle possède des colonnes et des chapiteaux de marbre, dont le style présente une grande analogie avec les sculptures de Montmartre. Celles-ci, cependant, paraissent antérieures à la plupart de celles que nous venons de citer, si l'on juge de leur ancienneté d'après leur forme moins éloignée du type primitif. Il est impossible de nier leurs rapports avec les ornements des petits pilastres, qui reviennent si souvent sur les sarcophages latins découverts en Italie et dans nos provinces méridionales.

Les colonnes de marbre placées dans l'église de Montmartre sont au nombre de quatre. Il y en à deux a l'entrée de l'édifice, dans le bas de la nef, et deux autres en avant du sanctuaire. Leur hauteur varie : la plus haute de celles qu'on voit près de la porte a 9 pieds, 5 pouces et 6 lignes; l'autre, ajustée sur un fût en pierre, a 5 pouces de moins. Lorsqu'elles étaient toutes deux entières, elles devaient offrir les mêmes proportions. Le diamètre de la plus complète est, à la base, de 1 pied, 4 pouces, et au sommet, de 1 pied, 1 pouce, 3 lignes. Les chapiteaux ont 1 pied, 9 pouces de hauteur. Ces deux colonnes paraissent avoir beaucoup souffert de l'influence des variations atmosphériques, peut-être même de l'action du feu. On y aperçoit des gerçures profondes. Les deux autres colonnes, posées vers l'abside, sont beaucoup plus élevées que les premières. Des crampons de fer les rattachent à la muraille. Le marbre en est devenu friable comme de l'ardoise; dans certaines parties, il tombe en poussière sous les doigts.

Il suffit de voir ces quatre colonnes pour se convaincre qu'elles n'ont point été destinées d'abord à la place qu'elles occupent maintenant ; afin de les approprier à leur nouvelle destination, il a fallu les exhausser sur des bases de pierre. Leur entablement, aussi en pierre, est d'une grossièreté sans exemple ; on n'a même pas pris le soin d'en faire le ravalement dans la partie supérieure. Enfin, sur une des deux colonnes du sanctuaire, une grosse moulure en pierre a été introduite entre le fût et le chapiteau.

L'église de Montmartre possède six chapitaux en marbre, dont quatre surmontent les colonnes qui viennent d'être décrites. Le plus intéressant se trouve à gauche de la nef. Il se compose d'une corbeille enveloppée de feuilles d'acanthe. Des entrelacs garnissent le haut de cette corbeille, et sur une des volutes on remarque une croix grecque sculptée en relief. Les feuilles de ce chapiteau sont frisées avec une certaine recherche ; mais leur exécution n'a plus la finesse, ni le moëlleux du travail antique. Les autres chapiteaux ne présentent point, comme ce premier, le signe du christianisme. Celui qui est placé de l'autre côté de la nef reproduit encore, mais sous une forme plus altérée, le type corinthien. Des deux chapiteaux du fond de l'église, l'un appartient à une espèce d'ordre composite ; entouré, dans sa partie inférieure, d'un bouquet de feuilles d'acanthe, il se termine par une couronne élégante ceinte d'un triple cordon de perles, d'oves et de moulures ; on croit même apercevoir aux angles les traces des volutes coniques ; le travail de cette sculpture ne manque pas de grâce. L'autre se rapproche par son style de celui que nous avons vu à droite de la nef ; seulement au lieu du fleuron qui décore presque toujours les faces du chapiteau corinthien, le sculpteur a placé ici un petit compartiment carré couvert d'un feuillage. Le cinquième chapiteau est à droite en entrant sous le collatéral du nord, en face de la chapelle des fonts. Ses proportions, inférieures environ de la moitié à celles des quatre autres, prouvent qu'il n'a pu recevoir la même destination. Il a, de plus, été brisé à une époque très ancienne, et racommodé avec un morceau de pierre ordinaire. Sa décoration offre quelques singularités. Au dessus d'un premier rang de feuilles d'acanthe, des cannelures terminées en pointe recouvrent la corbeille; plus haut, règne un cordon formé d'oves et, sur chaque face, figure au sommet un compartiment carré et sculpté en écailles.

Enfin, dans les travaux entrepris à Montmartre, en 1838, pour restaurer l'église, on a découvert, sur le dernier pilier à droite du bas-côté méridional, un sixième chapiteau de marbre, caché depuis longtemps par une table de pierre. Cette sculpture semble avoir éprouvé les ravages de l'incendie qui consuma, au XVIe siècle, une partie de l'abbaye. Il ne reste que des traces peu apparentes des feuillages qui en faisaient l'ornement; mais on distingue avec surprise, au sommet d'une de ses faces, une petite tête humaine, assez semblable à une tête d'ange, et qui semble sortir d'une portion du buste vêtu d'un costume singulier. Cette circonstance, jointe à l'extrême grossièreté du travail, me porte à penser que ce chapiteau aura été fortement retouché à une époque bien postérieure à l'exécution des cinq autres. Peut-être même, se sera-t-on servi, pour le tailler entièrement, d'un bloc de marbre employé primitivement à un autre usage. Ce sixième chapiteau a été déposé dans le jardin du Calvaire. (Porté depuis à Paris au musée de Cluny). Il faut rendre grâce aux architectes de Louis VI d'avoir recueilli dans la nouvelle église les derniers débris de l'ancienne. A l'aide de ces fragments, on peut reconstruire en idée la basilique latine du Mont-des-Martyrs.

STRUCTURE PROBABLE DE L'ÉGLISE PRIMITIVE. — Deux files de colonnes en marbre noir, surmontées de chapiteaux en marbre blanc, la divisaient en trois nefs parallèles. Des mosaïques décoraient les archivoltes; des peintures couvraient les murailles. Un *ciboire*, dont l'existence est indiquée par le chapiteau de petite dimension décrit sous le n° 5, ombrageait l'autel et la table de sacrifice. La toiture de la nef était formée par cette charpente, déjà si antique au IXe siècle, que l'empereur Charles le Chauve la fit refaire, pour en prévenir la chûte imminente. Mais les hommes du Nord vinrent anéantir l'œuvre des vieux âges. Cette destruction doit encore exciter nos regrets, car l'église élevée dans les siècles suivants n'a jamais atteint la magnificence de celle qui l'avait précédée, et qui lui a transmis les seuls matériaux précieux qu'on y rencontre aujourd'hui. Il est probable que d'autres marbres sont enfouis dans les fondations de l'édifice actuel. Peut-être, en les faisant servir à un semblable usage, aura-t-on voulu, comme le fit plus tard Louis VII, quand il posa la première pierre de la nouvelle église de Saint-Denys, se conformer au sens littéral de ces paroles de l'Apocalypse : « *Et fundamenta muri civitatis omni lapide pretioso ornata.* »

Façade de l'église. — Une petite cour, plantée d'arbres, précède l'entrée de l'église. Elle est fermée par une grille, qui servait autrefois de clôture au sanctuaire de la paroisse. On voyait, il y a peu d'années, dans le soubassement qui porte cette grille, plusieurs fragments de pierres sépulcrales, sur l'un desquels se lisait le nom de la famille de Fitz James. Le portail était, suivant l'abbé Lebeuf, dans le style du XIIIe siècle. Mais, comme cet écrivain attribue à la même époque d'autres portions de l'édifice, qui datent évidemment de la fondation de l'abbaye, il est permis de croire que le portail appartenait aussi au XIIe siècle. Nous ne possédons au reste aucun détail sur son ornementation. Seulement, à l'intérieur de l'église, derrière les orgues, on distingue les traces d'une longue fenêtre en plein cintre, orginairement percée au-dessus de la porte principale. La façade actuelle, malheureusement substituée à l'ancienne dans la seconde moitié du dernier siècle, ne présente ni dans son ensemble, ni dans ses détails, rien qui puisse faire excuser un pareil vandalisme. Trois portes carrées, une large fenêtre, un fronton très vulgaire sur lequel se détache un cadran d'horloge, composent à l'église de Montmartre un portail banal, sans dignité, sans caractère, et qui conviendrait mieux à l'entrée d'un marché public qu'à celle d'un temple chrétien.

Par bonheur, les architectes de Louis XV n'ont pas eu le temps de consommer leur œuvre. Les parties du monument échappées à leurs restaurations méritent seules aujourd'hui d'être étudiées avec soin.

Côté méridional. — En commençant l'examen du reste de l'édifice par le côté méridional, à l'intérieur on reconnaît le style de quatre époques différentes, sans parler du collatéral, qui vient d'être reconstruit en grande partie. Les murs de la haute nef sont demeurés à peu près intacts. Leur appareil assez régulier consiste en pierres de taille de petites dimensions, rangées avec un certain ordre par assises égales. Les fenêtres, de la forme la plus simple, paraissent avoir subi quelques modifications dans leurs parties supérieures, à l'époque du rétablissement des grandes voûtes. Les contreforts ressortent à peine des murailles, suivant l'usage suivi dans les constructions romanes. Des modillons sans sculpture supportent la corniche, qui est à têtes de clous.

Dans les quatrième et cinquième travées, l'appareil perd sa régularité ; le mur n'est plus formé que de moëllons grossiers placés sans aucun ordre. Mais si, d'un côté, la construction semble moins soignée, on voit, en revanche, quelques sculptures aux modillons. Malgré leurs mutilations nombreuses, on y retrouve plusieurs têtes humaines grimaçantes, des bouquets de feuillages et des animaux fantastiques, entr'autres le lion ailé de l'évangéliste saint Marc. La corniche est sans ornements. La cinquième travée correspond au transept intérieur; après commence le sanctuaire. La restauration du collatéral ne date que de l'année 1838. De louables efforts ont été faits pour rappeler le style de l'ancienne architecture du monument; mais le manque de fonds est venu contrarier, cette fois encore, les vœux des antiquaires. Le collatéral est interrompu aussitôt après la première travée. Le chœur particulier des religieuses venait se rattacher là au corps de l'église. La porte, par laquelle on passait de ce chœur dans le transept, a été conservée. On lisait au-dessus, il y a quelques années à peine, une inscription tracée, si je m'en souviens bien, en caractères de la fin du xve siècle, et accompagnée d'un encadrement peint. Ce curieux monument, que personne n'a eu le soin de recueillir, n'existe plus; lors des travaux exécutés dans le collatéral, les maçons établirent en cet endroit un four à plâtre, dont le feu acheva de détruire ce qui restait de l'inscription.

Abside. — Une triple abside, composée du sanctuaire et de deux chapelles, termine l'édifice vers l'orient. La partie principale de l'abside, décrit un demi-cercle. Elle est construite en belles pierres de taille soigneusement assemblées, et percées de trois fenêtres en ogive, accompagnées chacune de deux colonnettes très légères, avec bases et chapiteaux d'un travail élégant. Un cordon à têtes de clous enveloppe les courbes des ogives. Des contreforts, au nombre de quatre, contrebutent les voûtes du rond-point; leur saillie est fortement prononcée, mais leur épaisseur diminue graduellement de la base au sommet, ce qui établit sur leur extrados une pente favorable à l'écoulement des eaux. Ces contreforts ne présentent aucun des ornements au moyen desquels les architectes du XIIIe siècle s'efforcèrent de dissimuler les masses nécessaires pour assurer la solidité des monuments. Les modillons, placés au-dessous de la corniche de l'abside, ont été traités avec plus de goût que ceux de la nef; les têtes de diables y dominent.

Absidioles. — Les deux chapelles ou absides secondaires, élevées au midi et au nord du sanctuaire, appartiennent à un tout autre style que l'abside principale. Celle du midi est construite en pierre de moyen appareil dont, les interstices, laissés très larges, ont été remplis avec du plâtre. Le jour y pénètre par deux fenêtres en plein cintre, entourées d'un simple cordon sans sculpture. Elle se termine en hémicycle. Il reste à peine quelques débris des modillons historiés de la corniche. La chapelle du nord offre une disposition semblable à celle de la première. Mais, comme en 1815, on la convertit en four à pain pour un détachement de l'armée russe, de graves mutilations y furent commises. L'entablement tout entier a disparu. Ces deux chapelles, dépourvues aujourd'hui de toiture, tomberont bientôt en poussière. Les réparer, ce serait leur enlever ce qui leur reste encore de curieux. Une restauration équivaudrait ici à une destruction. Mais il faudrait du moins les mettre à l'abri des ravages de l'humidité qui, depuis longtemps, commence à dissoudre leurs voûtes et leurs murs.

Le côté septentrional de l'église est en tous points conforme, pour les parties anciennes, à celui du midi. Les modillons y paraissent mieux conservés. Des têtes d'hommes et de chiens s'y font surtout remarquer par la bizarrerie de leur expression. Le collatéral a été refait au XVIIIe siècle. La sacristie, placée à la hauteur de la quatrième travée, et la chapelle des fonts, bâtie sur l'extrémité occidentale de l'édifice, sont également modernes.

Clocher et ancien clocher. — Le clocher qui s'élève à l'angle nord du portail, est dépourvu de tout caractère architectural ; masse informe et basse.

Nous avons vu, dans l'histoire des abbesses, qu'un clocher d'une noble structure surmontait encore le sanctuaire, à la fin du xve siècle. Il avait été remplacé depuis longtemps par un clocher très simple détruit lui-même, suivant l'abbé Lebeuf, en 1751. C'est à d'aussi fréquents changements qu'il faut attribuer les irrégularités choquantes qu'on voit avec peine dans la disposition des combles de l'édifice, surtout vers le rond-point. Aujourd'hui, une lourde tour ronde, surmontée d'un télégraphe, écrase et dégrade l'antique sanctuaire. Quand le moment de rendre au culte l'édifice tout entier sera venu, il deviendra indispensable de transporter ailleurs cette masse grossière. (Le télégraphe a eté retiré, depuis qu'on se sert de l'électricité).

Disposition générale de l'église. — Le type latin s'est conservé presque sans altération, jusqu'à nos jours, dans la disposition intérieure de l'église de Montmartre. On y retrouve les trois nefs ; un souvenir de cette galerie supérieure, réservée aux femmes dans les premiers temples chrétiens ; un transept, qui donne intérieurement à l'édifice la forme d'une croix, sans se faire sentir au dehors ; une sorte d'arc triomphal, entre le transept et le rond point ; enfin, trois absides correspondant au trois nefs. Dans le principe, les trois absides furent probablement seules voûtées, et le reste du monument ne possède, comme la plupart des églises latines, qu'une simple charpente. En effet, puisque les voûtes du rond point ont résisté à tant de dévastations, celles de la nef auraient sans doute eu le même sort, s'il en avait existé avant le xve siècle, dans cette partie de l'édifice.

Le service paroissial. — Dès la fondation de l'abbaye, la bulle donnée par le pape Grégoire, après la consécration de l'autel, nous prouve que les exercices des religieuses et le service paroissial se faisaient dans la même église. Les religieuses occupaient la plus grande partie du monument, tandis que le pasteur et les paroissiens étaient relégués dans la partie basse de la nef. Cet état des choses se prolongea jusqu'au XVIIe siècle. Mais, quand le titre abbatial fut transféré au prieuré du Saint-Martyrs, l'archevêque de Paris décida qu'une partie de l'église, que les religieuses abandonnaient alors, servirait à l'agrandissement de l'étroit local réservé aux paroissiens. A cette époque s'éleva, en avant du transept, le mur qui coupe encore maintenant l'église en deux parties. Nécessaire, dans l'origine, pour séparer les religieuses du peuple, il n'est plus aujourd'hui d'aucun avantage, et détruit, par sa présence, toute l'économie de l'édifice. Espérons que le gouvernement, éclairé sur l'importance de ce monument, qui doit être considéré comme un dernier vestige de traditions perdues depuis tant de siècles, accordera les secours nécessaires pour mettre l'abside en état de servir aux cérémonies du culte. Alors, cette disgracieuse muraille pourra tomber, et l'ensemble de l'église reprendra sa majesté première.

Nef. — La partie consacrée au service paroissial comprend tout juste la nef et ses collatéraux. Cette nef à environ 30 pieds de large, sur 80 de largeur, et 40 d'élévation. La largeur des collatéraux est de 12 pieds et leur hauteur de 20. Quatre travées divisent les trois nefs dans leur longueur. Nous ne répèterons point ici ce que nous avons dit des chapiteaux et des colonnes de marbre placés à l'entrée de l'église. Ses piliers isolés sont au nombre de huit également répartis en deux files parallèles, de chaque côté de la nef. Les quatre plus rapprochés du transept, qui semblent dater du règne de Louis VI n'affectent pas de formes bien régulières. Des restaurations, trop souvent répétées, les ont entièrement défigurés. Les quatre autres, placés dans le bas de la nef, présentent un massif cruciforme, dans lequel sont engagées quatre grosses colonnes rondes, avec quatre autres colonnes de moindre diamètre, disposées entre les premières, dans les angles décrits par les branches de la croix. Les colonnes tournées vers la nef montent jusqu'à la naissance des voûtes ; les autres s'arrêtent aux archivoltes des arcades latérales. La pesanteur est le caractère dominant de ces masses. Des feuillages, grossièrement travaillés et détachés à peine de la corbeille, décorent les chapiteaux ; on y rencontre quelquefois des têtes grimaçantes, posées au milieu d'enroulements. Le plus curieux de tous se trouve au dernier pilier à droite du collatéral nord. Le mur qui partage l'église le cachait entièrement ; mais le curé a eu l'heureuse idée de le faire découvrir. Cette sculpture pourrait offrir une allusion aux scènes de sorcellerie si fameuses dans le Moyen-âge.

Chapiteaux historiés. — Un homme à tête de porc, dont l'âme impure est livrée au démon, se prépare à partir pour le sabbat. Il vient de monter à rebours sur un bouc, dont il tient la queue à deux mains en guise de bride. Le cavalier, vêtu d'une tunique serrée par une ceinture autour des reins, ne paraît pas faire usage de selle ; seulement, ses pieds posent sur une espèce d'étrier de forme carrée. Le bouc porte la tête haute, il se distingue par une barbe fort longue et des cornes très élevées. Tout près de cette sculpture, un autre chapiteau, à moitié enclavé dans le mur, est décoré d'oiseaux fantastiques, dont les formes se combinent avec des enroulements de feuillages ; on y voit aussi une figure de cheval.

La plupart des chapiteaux portent l'empreinte de l'incendie, dont les suites furent, au XVIe siècle, si funestes pour l'abbaye. Quelques-uns même ont perdu tout leur feuillage et ne présentent plus qu'un bloc à peu près informe.

ARCEAUX. — Les arceaux des nefs sont en ogive, mais sans moulures, et d'une forme obtuse. Leur défaut de liaison avec les piliers qui leur servent d'appuis, et certaines traces de mutilations qu'on peut y percevoir encore, me portent à penser que ces arcs auront été d'abord endommagés fortement, pendant nos guerres des XIVe et XVe siècles, puis rétablis en grande partie lors du rétablissement des voûtes.

GALERIE HAUTE. — Au-dessus des ogives, règne, sur les côtés de la nef, une petite galerie, qui devait originairement se prolonger jusqu'au transept, ou du moins jusqu'à la quatrième travée, et ne s'étend pas aujourd'hui au-delà des deux premiers arceaux de la nef. Le reste a été détruit pour donner plus de jour à l'édifice, quand on a percé de nouvelles fenêtres, de l'effet le plus incohérent. L'intention de l'architecte actuel est de faire mouler les petites colonnes qui ont été conservées, et de rétablir ainsi l'ancienne disposition. Au lieu d'être groupées l'une à côté de l'autre, sur la même ligne, dans le sens de la longueur de l'édifice, ces colonnettes sont rangées l'une derrière l'autre, sur deux files parallèles, dans le sens de la largeur de l'église. Il en reste encore seize, les unes exactement arrondies, d'autres à six et même à huit pans. Parmi ces dernières, il y en a dont les différentes faces sont creusées de manière à former de grosses cannelures. Tous leurs chapiteaux présentent, dans l'arrangement de leurs feuillages, la variété la plus heureuse et la plus pittoresque.

FENÊTRES. — Les fenêtres sont percées au-dessous de la galerie. Leur forme très simple paraît avoir subi de fâcheuses modifications, lors du rétablissement des voûtes. Il n'en existe aujourd'hui qu'une seule qui n'ait pas perdu sa décoration primitive. C'est la dernière, vers le transept, à main gauche. Elle se termine par un arc en plein cintre, accompagné de deux colonnes de la plus petite proportion. Rien n'annonce que les fenêtres aient jamais été garnies de vitraux peints. On en compte huit dans la nef, et autant dans les collatéraux.

VOÛTES. — Lors de la reconstruction des voûtes, a la fin du XVe siècle, les architectes, pour se conformer à l'usage du temps, détruisirent les chapiteaux des grands piliers et prolongèrent sans interruption les fûts jusqu'aux nervures. On s'aperçoit facilement encore que ces piliers ont été tronqués. Quatre nervures, de forme prismatique, garnissent les arrêtes des voûtes et viennent se croiser, à chaque travée, autour d'une rosace élégamment sculptée.

La première de ces clefs de voûte consiste en une étoile, dont les huit rayons sont autant de petites ogives trilobées; un simple fleuron forme la seconde; sur la troisième, paraît un écusson surmonté d'une crosse abbatiale d'un joli travail, et blasonné d'un champ de au chevron de , accompagné de trois fleurs de trêfle de *(sic)*. Ce sont les armoiries d'une abbesse. Le badigeon a fait disparaître les couleurs des émaux. La quatrième clef de voûte n'offre aucun ornement.

COLLATÉRAUX. — Les deux collatéraux sont couverts par de simples plafonds et ne paraissent pas avoir reçu de voûtes en pierre. Le bas-côté méridional vient d'être réédifié, sur les dessins de M. Nayssant, qui a pris le soin de recueillir quelques fragments découverts dans le cours des travaux.

En remaniant les fondations, on trouva une grande quantité d'ossements de femmes, et surtout un corps presque intact, dont la tête avait conservé sa chevelure toute entière. Cette découverte prouve l'exactitude du récit de l'abbé Lebeuf. Ce savant écrivain rapporte en effet que, de son temps, cette partie de l'église renfermait des tombes des religieuses. Plusieurs débris de colonnes ou de chapiteaux, et une croix à double face représentant, d'un côté, le Christ, et de l'autre, la Vierge, se sont rencontrés dans les décombres. La croix appartient au XVIe siècle. Elle s'élevait sans doute autrefois dans le cloître. (Cette croix a été portée au Musée de Cluny, à Paris.)

Le collatéral du nord a été indignement réparé, en 1765, et dépouillé de tout ce qui lui donnait apparence antique. La chapelle des fonts, placée près de la porte de ce collatéral, n'offre dans sa structure rien que de vulgaire. Mais elle possède une grande cuve en pierre de liais, d'un style très agréable, exécutée en 1537. La forme en est oblongue. Des rinceaux en enveloppent le pourtour. D'un côté, des anges soutiennent un cartel où se lit la date que nous venons d'indiquer *(sic)* (1537); de l'autre des figures semblables portent un écusson timbré des deux clefs de saint Pierre, le patron de la paroisse. La grosseur et la complication de ces clefs annoncent qu'il n'est pas facile de faire violence au royaume des cieux. Il nous reste aujourd'hui bien peu de cuves baptismales aussi anciennes que celle de Montmartre. Paris n'en renferme plus aucune de ce genre, à l'exception de celle de Saint-Sulpice.

La sacristie se trouve, comme la chapelle des fonts, du côté du nord, mais à la quatrième travée. Elle est moderne. On y voit un petit groupe de la fin du XVe siècle, il représente la Mère de pitié, tenant le corps de son fils. Le curé conserve une autre sculpture en marbre, débris mutilé d'une des scènes de la Passion.

Le chœur de la paroisse occupe aujourd'hui les deux dernières travées de la nef. Pour le moderniser, les architectes du dernier siècle ont voulu métamorphoser les colonnes en pilastres, par l'application de grandes tables de pierre, qui masquent le vieux chapiteau.

Dans quelques parties, ils ont coupé le pied des fûts, dont la portion supérieure porte maintenant sur de laides consoles. Cette dernière mutilation paraît avoir eu pour objet de procurer aux stalles un emplacement plus vaste.

Autels. — Trois autels s'élèvent contre le mur qui partage le monument. Il faut déplorer le mauvais goût qui préside à leur nouvelle décoration. Le principal est exhaussé sur plusieurs marches, composées avec des fragments de tombes, parmi lesquels ont reconnaît, comme nous l'avons dit, dans le précis historique, l'épitaphe de Mme de la Rochefoucault (Estampage et copie F.) et un débris de la tombe de l'abbesse Antoinette Auger (Estampage et copie F.). Quelques autres morceaux de pierre, employés au même usage, portent, les uns des restes de caractères du XIIIe siècle, les autres des vestiges d'ornements du XVe. Quatre colonnes corinthiennes, surmontées d'un fronton, forment le rétable. On remarque, sur l'autel, un joli tabernacle en boiserie dorée, ouvrage du XVIIe siècle. C'est une petite coupole, avec colonnes corinthiennes cannelées et entourées de pampres ; les différentes faces sont ornées de niches, de vases, de têtes de chérubins, de bas-reliefs représentant la Pâques des juifs, la Manne, la Loi donnée sur le Mont-Sinaï ; le serpent d'airain et la Cène.

Sculptures. — En 1787, la paroisse de Montmartre renfermait quelques sculptures exécutées par les artistes les plus renommés du XVIIIe siècle. A l'entrée, des groupes d'anges surmontaient des bénitiers en porcelaine, modelés sur ceux de Saint Sulpice. Un Christ de Pigalle était placé près de la grille du chœur. Un grand bas-relief de Boichot, représentant la guérison du boîteux opérée par saint Pierre, se voyait au rétable du maître-autel ; il est aujourd'hui remplacé par un Christ au jardin des Olives, tableau donné par le gouvernement, après le Concordat. Des deux côtés de l'autel, des piédestaux supportaient les figures de la Religion et de la Piété, par Coustou. Ces piédestaux, de forme circulaire, portent encore le titre des statues : *Sancta religio*, *vera pietas*. Coustou avait encore sculpté un ange gardien, dans la chapelle qui est à gauche de l'autel. La chapelle correspondante, à droite, possédait une Vierge, de Pigalle, copiée par cet artiste sur celle qu'il avait faite pour la célèbre chapelle de Saint-Sulpice. L'orgue, porté, comme il l'est encore, par une tribune décorée de colonnes doriques et de trophées religieux, était accompagné de deux statues par Caffieri et Mouchy. Les révolutionnaires ont brisé avec acharnement toutes ces figures, dont il ne reste plus le moindre vestige.

Transept. — Nous ne sommes arrivés qu'au transept de l'église. A partir de ce point, l'édifice est livré, depuis plus de cinquante ans, au plus déplorable abandon. Le transept, parfaitement indiqué à l'intérieur par l'exhaussement des arcs latéraux et par leur largeur plus grande que celle des travées de la nef, ne se manifeste nullement au dehors. Ses parties basses sont formées par des groupes de colonnes d'un caractère imposant, réunis en faisceaux, sur lesquels reposent des arcs en ogive garnis de moulures fortement accusées. Des têtes d'une exécution bizarre, remplissent les angles des socles qui portent les colonnes. On y distingue un masque de démon et une figure d'homme à larges oreilles, qui tire horriblement la langue.

Chapiteaux. — Les chapiteaux appartiennent à un style plus ancien que ceux de la nef. Des feuillages et des entrelacs, d'une exécution sévère et grandiose, en font l'ornement. Ils ont en général beaucoup souffert. Le mieux conservé représente une tête humaine entre deux muffles de lions, desquels sortent des enroulements qui se rejoignent vers le centre du chapiteau. Ce genre d'ornement semble avoir la même valeur symbolique que l'histoire de Daniel, qui reparaît si fréquemment sur nos chapiteaux romans.

VOÛTE. — La voûte du transept date du XVe siècle. Les nervures, très finement travaillées, vont se rattacher à un écusson, timbré des trois fleurs de lys du blason royal et entouré de palmettes. C'est un souvenir de la fondation royale de l'abbaye, et peut-être aussi de quelques dons accordés pour la restauration des voûtes. Une dépression considérable se fait sentir dans la voûte de la travée qui remplit l'intervalle du transept à l'abside.

Il est intéressant d'avoir ainsi sous les yeux, dans un espace assez resserré, la réunion de plusieurs styles d'architecture. Les voûtes du transept, élevées au XVe siècle, sont suivies d'une travée du XIIe, qui, elle-même, précède une abside du XIIIe. Cette travée intermédiaire contraste d'une manière heureuse avec la contruction plus élégante du rond point. Les nervures de sa voûte surbaissée ont un caractère remarquable de puissance et de solidité. Les groupes des colonnes qui les supportent, sont à peu près semblables à ceux du transept. Sur un chapiteau, paraît une figure de saint, la tête entourée d'un nimbe arrondi, les bras étendus, le corps vêtu d'une chasuble taillée exactement en pointe par le bas, suivant un usage très ancien. Ce saint personnage, sculpté d'une manière bizarre, sur l'angle même du chapiteau, se trouve placé entre deux animaux monstrueux, dont il semble, par le seul effet de son geste, arrêter la fureur. Ce doit être une figure allégorique du triomphe remporté par saint Denys sur le polythéisme. La plupart des saints qui sont venus annoncer en France la parole évangélique sont représentés, dans nos églises, enchaînant ou domptant par une force divine des animaux d'un aspect horrible, emblême de ces puissances infernales auxquelles le Christianisme attribue la corruption de l'homme, quittant le culte du vrai Dieu pour se jeter dans les erreurs sacrilèges de l'idolâtrie.

Abside. — Les deux colonnes de marbre, déjà décrites, soutiennent, en avant de l'abside, un arceau qui rappelle l'arc triomphal des églises latines.

L'abside forme un exact hémicycle. Trois fenêtres ogivales, sans compartiments ni meneaux, en éclairent le fond. Les voûtes, aussi en ogive, sont décorées de six nervures gracieuses, qui partent d'un semblable nombre de colonnes, et viennent se grouper autour d'une rosace fleuronnée. Les colonnes, très sveltes, comme on les faisait au XIIIe siècle, se terminent par des chapiteaux dont les feuillages se détachent avec élégance.

D'autres colonnes très petites surmontent ces chapiteaux et se réunissent aux moulures des ogives latérales.

Absidioles. — L'abside principale communique par des passages, percés dans les murs, avec les deux absides secondaires, dont les détails intérieurs ne sont pas moins curieux que le dehors. Les arcs qui en forment l'ouverture sont construits en pierres grossièrement appareillées ; ils décrivent une sorte d'ogive, peu sensible, sans aucune moulures, et de style tout à fait primitif. Le jour pénètre dans chacune de ces chapelles par deux ouvertures en plein cintre.

Traces de peintures. — La chapelle du nord présente, au lieu de colonnes, de gros pilastres décorés, dans leur partie supérieure, d'une moulure très simple sur laquelle s'aperçoivent des traces de couleur rougeâtre. (Quand j'ai visité cette partie de l'église, un buste de sainte, en pierre et d'un travail gothique, gisait mutilé sur le pavé). Dans la chapelle du midi, on remarque, sur le plat de l'arceau d'ouverture, des fragments de médaillons peints remplis autrefois par des feuillages, et, dans les murs, des colonnes engagées, dont les chapiteaux offrent sur chaque face deux palmes, rattachées vers les angles par des anneaux à cordons de perles. Ces palmes rappellent ici d'une manière évidente le martyre des apôtres parisiens. Le fond de ces chapelles décrit un demi-cercle vers l'orient. Leurs voûtes, en plein cintre et en arête, sont construites en blocage et composées de pierres irrégulières formant une masse compacte avec le mortier qui les unit. Des voûtes semblables n'ont pu être élevées qu'à l'aide d'un échafaudage qui en portait exactement toutes les parties, et qu'on ne retirait qu'après avoir laissé à cette masse le temps de se solidifier.

Dates des diverses parties. — D'après les détails que nous venons de donner sur l'église de Montmartre, il est facile de déterminer les époques auxquelles appartiennent les diverses parties de l'édifice. Après les colonnes et les chapiteaux de marbre, les portions les plus anciennes sont les deux chapelles qui accompagnent l'abside. Elles doivent avoir été construites avant la fondation de l'abbaye, dans les temps où les moines de Saint-Martin-des-Champs, devenus possesseurs de l'église, entreprirent sans doute la restauration des bâtiments confiés à leurs soins.

La chapelle placée vers le nord semble avoir dévancé l'autre de quelques années. La travée qui précède le sanctuaire, les parties basses du transept, et probablement la première travée de la nef en partant du transept, datent du règne de Louis le Gros. Le reste de la nef et la façade s'élevèrent au moyen des libéralités de Louis le Jeune. L'abside primitive avait été conservée, comme les deux chapelles. Mais elle fut réédifiée dans les premières années du XIIIe siècle, soit que déjà elle eût menacé ruine, ou que les religieuses aient voulu dès lors donner à leur sanctuaire une forme plus élégante. Les voûtes de la nef et du transept ont été construites sous Louis XI. Nous avons rapporté les déplorables mutilations exercées sur le monument par les architectes du dernier siècle, qui semblent avoir pris à tâche d'enlever à ces vieilles murailles leur aspect antique et religieux.

SÉPULTURES. — Les sépultures, placées dans l'abside, étaient autrefois une des principales curiosités de Montmartre. Peut-être y voyait-on encore la pierre sépulcrale du père et de la mère de Gautier, le camérier du roi Philippe-Auguste. Un grand nombre de tombes gravées et d'inscriptions rappelaient la mémoire des abbesses et des religieuses les plus distinguées par leur naissance ou leur sainteté. Tous ces monuments ont été détruits pendant la Révolution, et quelques-uns de leurs fragments employés comme matériaux sans valeur, dans la partie de l'église conservée au culte. La plus intéressante de toutes ces sépultures fut longtemps le monument funèbre de la reine fondatrice. Elevé par la piété filiale du roi Louis VII et par la reconnaissance des religieuses, il se composait d'un sarcophage de pierre, semblable à ceux qui se trouvaient autrefois dans le chœur de l'église de l'abbaye de Saint-Denys ; il était surmonté d'une statue couchée, aussi en pierre, représentant Adélaïde avec les attributs de la dignité royale. Une couronne très simple, à quatre fleurons, entourait la tête de cette reine. Dans ses *Antiquités de la monarchie française*, le père Monfaucon a négligé de faire graver cette figure, dont il ne nous reste aujourd'hui que des descriptions assez vagues. Cependant nous savons que la plupart des auteurs qui ont écrit sur les curiosités de Paris regardaient ce tombeau comme un monument authentique du XIIe siècle. Erigé d'abord devant le maître-autel, il changea souvent de place, dans la suite des temps. « L'effigie et tombeau de pierre de la reine

« Adélaïde, disait Gilles Corrozet au XVIe siècle, apparais-« sent bien antiques, et de notre temps a été transporté le « dict monument à costé du grand autel vers le septentrion. » Sauval rapporte que l'abbesse Marie de Beauvilliers le fit transférer, au commencement du XVIIe siècle, dans le chœur des religieuses. Enfin, quand l'église abbatiale eut été abandonnée pour celle du Saint-Martyre, Françoise Renée de Lorraine, entreprit la restauration du tombeau, qu'on réédifia par ses ordres dans la nouvelle église du bas de la montagne. Ce fut alors qu'on y grava les deux inscriptions suivantes :

ICI EST LE TOMBEAU
DE TRÈS ILLUSTRE ET TRÈS PIEUSE PRINCESSE,
MADAME ALIX DE SAVOYE,
REINE DE FRANCE,
FEMME DU ROI LOUIS VIe DU NOM,
SURNOMMÉ LE GROS
MÈRE DU ROI LOUIS VII,
DIT LE JEUNE,
ET FILLE DE HUMBERT II,
COMTE DE SAVOYE,
ET DE GISLE DE BOURGOGNE,
SŒUR DU PAPE CALIXTE II.

Cy gist Madame Alix, qui de France fut reine,
Femme du roi Louis sixième, dit le Gros ;
Son âme vit au ciel, et son corps en repos
Attend dans ce tombeau la gloire souveraine.

Sa beauté, ses vertus la rendirent aimable
Au prince son époux, comme à tous ses sujets ;
Mais Montmartre fut l'un de ses plus doux objets,
Pour y vivre et trouver une mort délectable.

Un exemple si grand, ô Passant, te convie
D'imiter le mépris qu'elle fit des grandeurs ;
Comme elle, sèvre toi des plaisirs de la vie,
Si tu veux des élus posséder les splendeurs.

Les fureurs du vandalisme prévinrent, à Montmartre, les courageux efforts du conservateur des monuments français, et le tombeau de la reine Adélaïde fut entièrement détruit. Aucun fragment n'a pu en être conservé. Mais comme, à l'époque de la translation du titre abbatial à la chapelle du Saint-Martyre, l'archevêque de Paris défendit aux religieuses d'ouvrir les sépultures de l'église haute, il serait possible de découvrir, un jour, dans la vieille abside, la dépouille mortelle de la fondatrice, qui restée sans monument, aurait ainsi échappé aux profanateurs. Une tradition vague, répandue encore parmi les employés de l'église de Montmartre, vient à l'appui de cette opinion ; ils prétendent que le cercueil d'Adélaïde repose dans un caveau, pratiqué près de l'endroit où existe maintenant la chapelle de la Vierge. Il est certain que les ordres de l'archevêque furent suivis exactement par les religieuses, et que les corps des anciennces abbesses demeurèrent dans leurs premiers tombeaux. Des fouilles faites, il y a peu d'années, dans la petite abside septentrionale, amenèrent la découverte d'un squelette de femme, enseveli dans un cercueil de plâtre. Aussi, depuis l'abandon de l'église haute, les religieuses avaient-elles simplement conservé l'usage de faire célébrer tous les jours, à l'autel de l'abside, une messe basse pour le repos des âmes de leurs sœurs inhumées en ce saint lieu.

La profanation des tombeaux semble s'être perpétuée à Montmartre jusqu'à nos jours. On éprouve un sentiment pénible en apercevant, dans le nouveau pavé de l'église, de nombreux débris de pierres tumulaires, dont l'origine date à peine de trente années. Il y a une haute inconvenance à outrager ainsi, jusqu'au pied des autels, la mémoire des morts.

Ancien trésor. — Malgré les fréquents pillages causés par les guerres du xv° siècle, le trésor de l'abbaye possédait encore, en 1559, des ornements du plus grand prix. On y admirait le magnifique missel byzantin, tout couvert d'or, dont le pape Grégoire III s'était servi, en 1147, le jour de la dédicace de l'église, et la tunique, tissue d'argent que portait saint Bernard à la même cérémonie. L'incendie arrivé du temps de l'abbesse Catherine de Clermont détruisit ces monuments vénérables. A l'époque de la Révolution, les religieuses conservaient encore un grand nombre de reliques. Une châsse en bois, placée derrière le maître-autel de l'église haute, contenait les restes de plusieurs chrétiens martyrisés à Montmartre avec saint Denys et dont les noms ne sont pas connus. La translation de ces ossements s'était faite de la sacristie dans l'église, le 15 mars 1517, sur l'instante demande de l'abbesse et des religieuses, par le ministère du Frère Martin Deschamps, abbé de Livry, visiteur régulier des abbayes de femmes réformées dans toute l'étendue du diocèse de Paris. Un grand nombre d'ecclésiastiques assistèrent à cette cérémonie, entre autres Guillaume Héron, père confesseur du couvent, et Guillaume Borry, curé de Noisy-le-Grand, qui était procureur de la maison. Le pape Paul V accorda une indulgence plénière à tous les fidèles qui, confessés et communiés, visiteraient l'église de Montmartre à la solennité célébrée annuellement le jour de cette translation. La châsse fut ouverte, le 10 mars 1612, par Sylve de Pierre Vive, vicaire général; et, le 18 juillet 1614, Henri de Gondi, évêque de Paris, autorisa le culte public de ces reliques, en se fondant sur la vénération qu'elles avaient de tout temps inspirée à ses prédécesseurs. Les abbesses donnèrent plusieurs portions des mêmes reliques aux églises de Saint-

Sauveur de Paris, de Saint-Pierre de Chaillot, et du monastère de Gif.

Martyrs parisiens. — L'église de Créteil, peu éloignée de Paris, renfermait, comme celle de Montmartre, beaucoup d'ossements attribués à des saints, pour la plupart inconnus, qui passaient pour avoir souffert le martyre dans le même temps que saint Denys. La tradition de ce pays nous a conservé seulement les noms de saint Agoard et de saint Aglibert. Vers la même époque, saint Yon fut martyrisé à Châtres. Ces faits prouvent que la persécution exécutée dans le pays des Parisiens contre les adorateurs du Christ, s'étendit sur tous les points du territoire et fit un nombre considérable de victimes.

Le 17 octobre 1625, le cardinal de Richelieu, qui portait le titre d'abbé de Saint-Benoit-sur-Loire, accorda aux dames de Montmartre un ossement du saint patriarche des moines d'Occident. Ce fut sans doute, pour honorer un don aussi précieux, qu'elles construisirent dans l'enclos de l'abbaye un oratoire dédié à saint Benoit, patron et législateur de leur congrégation.

Un corps saint, tiré des catacombes de Rome, et baptisé du nom de saint Florent, fut donné, en 1666, par le cardinal Chigi à la sacristie de Montmartre qui s'enrichit, en même temps, d'une portion des reliques de saint Aigulphe, abbé de Lérins au VIIe siècle.

Des fêtes pompeuses se célébraient chaque année, en l'honneur de ces différents saints.

Au XVIIe siècle, toutes les châsses furent transportées dans l'église basse ; il ne reste, dans la sacristie paroissiale, qu'un petit reliquaire monté sur un pied de cuivre, et contenant quelques parcelles des compagnons de saint Denys.

Sauval prétend qu'Olaüs, roi de Norvège, converti au Xe siècle par Robert, archevêque de Rouen, reposait dans l'église de Montmartre, mais l'abbé Lebeuf regarde cette assertion comme une erreur dont il ne s'explique pas la cause. Aucun autre écrivain ne rapporte ce fait et d'ailleurs, l'église abbatiale de Saint-Victor était la seule de Paris qui possédât quelques reliques du saint roi de Norvège.

Reliques conservées. — Il existe encore, au presbytère de Montmartre, un dépôt de reliques qui pourrait faire envie à une cathédrale. Ce trésor sacré se compose d'une grande quantité d'ossements, enveloppés de bandes de parchemin, qui portent la simple désignation de *Compagnons de Saint-Denys* ; il y a aussi des restes des onze mille vierges, accompagnés d'une concession de l'archevêque de Cologne, sur laquelle se voient le sceau du prélat et la date de 1675 ; le corps complet de saint Florent, avec un authentique en lettres d'or, émané de la cour pontificale ; et plusieurs caisses en bois doré, remplies de reliques de toute nature. Il faut une foi bien vive pour admettre que deux courroies, qu'on y tient renfermées, aient appartenu aux martyrs de la Légion Thébaine (boucles d'ivoire à ces courroies.)

La Cure. — L'abbesse demeura jusqu'à la Révolution en possession du droit de nommer à la cure, dont le revenu, d'après un ancien pouillé, s'élevait dans le cours du XVe siècle, à la somme de vingt livres. Jacques Merlin, mort en 1541, fut curé de Montmartre avant de devenir archiprêtre de la Madeleine de Paris et chanoine de Notre-Dame. Ce savant ecclésiastique est le premier auteur qui ait fait imprimer une édition des Conciles. Il composa aussi plusieurs traités de théologie. Un confesseur du couvent, nommé Jacques Bertaut, écrivit, en 1662, un opuscule ascétique sous le titre de *Livre des retraites*, pour alimenter la dévotion de l'abbesse Renée de Lorraine et de Mademoiselle de Guise, l'une des principales bienfaitrices du monastère.

Chapelle du Saint-Martyre

D'après une tradition constante, la chapelle du Saint-Martyre s'élevait sur le lieu même où saint Denys avait souffert la mort avec ses compagnons. Ce saint lieu consista d'abord en une crypte pratiquée dans une carrière abandonnée, où les premiers chrétiens déposèrent les restes de leurs frères immolés par les persécutions et vinrent prier en secret sur les mémoires des martyrs. Un autel de plâtre, presque brût, leur servit pour la célébration du sacrifice.

Origines de la chapelle. — Plus tard, des peintures grossières et des inscriptions tracées sur les parois du rocher rappelèrent la mission de saint Denys, sa prédication et, pour me servir de l'heureuse expression d'Hilduin, son supplice triomphal. Dans le cours des siècles, cette crypte envahie par les décombres, cessa d'être employée aux cérémonies du culte, et le souvenir s'en était complètement effacé quand on en retrouva l'entrée, au commencement du xviie siècle. Nous rapporterons plus loin, à son ordre de date, le procès-verbal de cette singulière découverte. On ignore l'époque précise à laquelle les chrétiens construisirent une chapelle au-dessus de la crypte primitive. La barbarie des démolisseurs, qui a renversé le monument, n'a laissé subsister aucun débris capable de guider dans une recherche dont le but serait de parvenir à connaître l'origine de cet édifice. Tout ce qu'on sait de positif, c'est que la petite église du Saint-Martyre existait en 1096; qu'à cette époque elle se trouvait, depuis longtemps, entre les mains de personnes séculières; et qu'elle était, dès lors, un lieu de pèlerinage où il se faisait des oblations dont les moines de Saint-Martin-des-Champs abandonnèrent, cette année même, les produits à un certain Bernard. Restée sous le patronage de ce laïc jusqu'à sa mort, la chapelle rentra aussitôt en la possession des religieux. Ils la cédèrent au roi Louis VI, avec tout ce qu'ils avaient de biens à Montmartre. Elle devint une dépendance de la nouvelle abbaye fondée par ce prince.

CONSÉCRATION DE LA CHAPELLE. — Nous avons rapporté l'opinion adoptée par les Bénédictins, au sujet de la consécration de l'autel érigé dans la chapelle du Saint-Martyre, et les motifs sur lesquels le savant abbé Lebeuf se fonde pour la rejeter. Il serait inutile de rentrer ici dans une semblable discussion. Cependant, il faut avouer que, dans ses *Antiquités de Paris*, Gilles Corrozet prétend avoir vu, sur les murs de la chapelle du Saint-Martyre, une inscription contenant l'acte de la consécration de l'autel faite par le pape, en l'honneur des saints Denys, Rustique et Eleuthère. Cette inscription, qui, (sans doute ?) était bien postérieure au XIIe siècle, ne saurait prévaloir contre les arguments décisifs de l'historien du diocèse de Paris.

D'ailleurs, au XVIe siècle, la fête de la dédicace de cette chapelle se célébrait tous les ans, le 19 avril, et aucune solennité n'y rappelait la mémoire des cérémonies qu'Eugène III y aurait accomplies, le premier jour de juin, d'après les auteurs du *Gallia Christiana*.

FONDATION D'UN CHAPELAIN. — Peu de temps après l'établissement de l'abbaye, la sœur de Louis VII, Constance, comtesse de Saint-Gilles, fonda un chapelain dans la chapelle du Saint-Martyre, par un acte dont nous avons indiqué, à sa date, les principales dispositions. Ce vénérable oratoire se composait alors seulement d'un édifice de peu d'élévation, au-dessous duquel s'étendait le crypte.

Il ne reçut aucun changement essentiel dans sa forme et dans son administration, jusqu'aux premières années du XIVe siècle.

Fondation de chapellenies. — Le roi Philippe le Hardi ayant donné, en 1284, à Hermer de Montmartre, son écuyer, et à Catherine, femme dudit Hermer, pour eux ainsi que pour leurs héritiers, six livres de rente, 25 septiers d'avoine et 50 poules, à percevoir annuellement sur un domaine situé au lieu de la Chapelle, entre Paris et Saint-Denys ; huit septiers, une mine d'avoine et 37 poules, à percevoir sur une terre, qui dépendait du village d'Aubervilliers ; plus les droits exigibles, à la foire du Lendit, sur les cuirs et les peaux sèches, Hermer résolut d'employer les dons de la magnificence royale à la chapelle du Saint-Martyre. En récompense des bons et loyaux services passés et à venir « de son cher écuyer », Philippe le Bel, par une charte, donnée à Poissy, en octobre 1305, lui constitue vingt livres de rente, « pour l'aider à « fonder plusieurs chapellenies, en l'honneur de saint « Denys et des autres saints qui avaient reçu à Montmartre « la palme du Martyre. » Il confirme, en même temps, sur l'instante prière de son écuyer, les dons faits par Philippe le Hardi, permettant à Hermer d'en disposer à son gré, pour des œuvres pies et en faveur des personnes ecclésiastiques.

Dans l'acte de fondation des chapellenies du Saint-Martyre, souscrit « l'an 1306, le mercredi après le dimanche « de Quasimodo, Hermer de Montmartre, écuyer du roi, « homme prudent (*vir prudens*) et sa femme Catherine, « considérant que la chapelle, élevée anciennement à la « mémoire de saint Denys et de ses compagnons martyrs, « ne possédait pas de revenus suffisants pour être hono- « rablement desservie, et qu'il n'y avait qu'un seul « chapelain, dont l'existence n'était plus convenablement

« assurée, en raison du renchérissement des denrées ; « conduits en outre par le désir d'obtenir leur propre « salut, celui de leurs parents, de leurs amis, de leurs bien- « faiteurs, mais surtout afin de procurer le repos éternel « aux âmes du seigneur Philippe d'illustre mémoire, jadis « roi de France, mort en Aragon, de dame Marie, sa « femme, jadis reine, de leurs enfants, du seigneur Phi- « lippe, alors régnant par la grâce de Dieu, de défunte « dame Jeanne, reine de France, sa femme, et leurs en- « fants, concèdent au chapelain déjà établi, pour augmen- « ter la solennité du culte divin, la rente de six livres sur « le trésor qu'ils tenaient du feu roi, et fondent un second « chapelain, au moyen de vingt livres de cens amorties, « dont Philippe le Bel les avait gratifiés. » Ils promirent aussi de construire un logis convenable pour les deux chapelains, engagèrent aux religieuses tout ce qu'ils possédaient pour sûreté de la fondation, et prêtèrent serment sur l'Evangile, devant l'official de Paris, de n'y jamais déroger en rien.

Dès l'année précédente, ils avaient obtenu, le vendredi après la fête de saint Denys, l'approbation de l'évêque diocésain, Guillaume Beaufet, qui avait confirmé leurs intentions, réservant aux religieuses « tout droit de sei- « gneurie, propriété, possession, patronage, collection, « garde, et tout autre droit ou redevance ». Enfin la veille du jour où l'acte de fondation fut revêtu des dernières formalités, Ada de Mincy, abbesse de Montmartre, y donna son entier consentement. Mais il semble qu'elle ait prévu, dès lors, les destinées, bien éloignées encore, de la chapelle du Saint-Martyre, car elle « voulut se maintenir « expressément elle et ses religieuses, dans la faculté de « prendre, démolir, ou s'accommoder des maisons des « chapelains, pour construire à leur place un prieuré ou « pour tout autre nécessité, à la charge cependant de « fournir aux deux prêtres une autre habitation. »

Dès qu'il y eut deux chapelains, la discorde vint se mettre entre eux. Ils se disputèrent à la fois la possession du lieu saint et celle de la maison qu'on leur avait construite. « L'an 1347, Jeanne de Valangavart, abbesse de Montmar- « tre, suivant la puissance retenue sur les manoirs et ha- « bitations des deux chapelains de la chapelle des mar- « tyrs, composa le différend qui estoit entre Jehan Che- « main, chapellain de la première fondation, et Guillaume « Boutonnier, chapellain de la seconde, pour servir d'ac- « cord perpétuel aux successeurs. Et par iceluy, ce qui est « contigu à la dite chapelle du costé de Paris (où il y avait « un grand logis, cave, cellier et appentis), ensemble le « pignon du grand autel vers Orient, dict le chevet de la « chapelle, est au premier chapellain, et le reste au second. « Quand à la cour, cuisine et porte, cela demeure com- « mun à eux deux. » (Dubreul, *Antiquités de Paris*). Ces détails, un peu minutieux peut-être, donnent une idée de la chapelle et de ses dépendances.

Triple autel. — Il se trouvait dans la chapelle trois autels, l'un au-dessus de l'autre, celui de la crypte et celui de l'ancien oratoire, desservis par le premier chapelain ; puis, dans un petit édifice, élevé au-dessus de la chapelle primitive, lors de la fondation d'Hermer, et formant comme un second étage, un troisième autel, sur lequel officiait le nouveau chapelain. Jacques de Villiers, seigneur de l'Ile-Adam, chambellan du roi Louis XI, reconnut bien distinctement (1464) dans un *vidimus* de la charte d'Hermer, l'existence des deux chapellenies, l'une dans la chapelle basse, l'autre dans la chapelle haute. Les Bénédictins nous apprennent que la chapelle basse, regardée toujours comme la plus honorable, demeura, jusqu'au XVIIe siècle, au chapelain de la fondation la plus ancienne.

Personne n'avait le droit de faire dire la messe ou de célébrer aucun service dans la chapelle du Saint-Martyre, à moins d'en avoir obtenu l'autorisation des religieuses. Un prêtre, nommé Maistre Jehan Rovet, ayant chanté en ce lieu une grand'messe le 19 avril 1502, sans avoir demandé leur autorisation préalable, fut cité, sur leur requête, devant le Châtelet de Paris, où il se vit condamné à tous dépens, dommages et intérêts, le samedi 17 décembre suivant, par Monseigneur d'Estouteville, conseiller, chambellan du roi et garde de la prévôté de Paris.

Le cartulaire de Montmartre renferme encore plusieurs actes par lesquels les abbesses disposèrent des chapellenies du Saint-Martyre. En 1481, Marguerite Langlois pourvut Maître Thibault Carré, prêtre, de la chapelle basse, vacante par suite de la résignation qu'en avait faite devant l'abbesse Guillaume Lebreton, procureur fondé du titulaire, Maistre Guy Jollins. Catherine de Clermont nomma aux chapellenies dans les années 1562, 1566 et 1574.

La chapelle abandonnée. — La chapelle du Saint-Martyre a dû partager, pendant les guerres du XVe siècle, les vicissitudes de l'église abbatiale. A l'époque où Henri IV assiégea Paris, elle fut livrée à la dévastation la plus complète, et longtemps abandonnée. Aussi, quand Marie de Beauvilliers prit, en 1598, le gouvernement de l'abbaye, « l'autel des Martyrs était démoli, les murailles rompues « et entr'ouvertes, la voûte avec la couverture tombée, « l'église, dont la longueur n'était alors que de neuf toises « et qui avait la forme d'un simple parallélogramme, com- « blée de démolition et d'ordures. » (Sauval, *Antiquités de Paris*). Pour réparer ce désastre, l'abbesse implora les largesses de la cour, et obtint l'autorisation d'éveiller, par des quêtes publiques, la charité des Parisiens.

Restauration de la chapelle. — Ce ne fut cependant que vers le milieu de l'année 1611 qu'elle entreprit les travaux nécessaires à la restauration et à l'agrandissement de la chapelle. Il fallut d'abord déblayer le terrain. Cette opération préliminaire était à peine commencée, que les ouvriers retrouvèrent l'entrée de la fameuse crypte de saint Denys, oubliée depuis un grand nombre d'années. Le procès-verbal de cette découverte a été imprimé dans les *Antiquités de Paris* du P. Dubreul, et dans l'*Histoire de Saint-Martin-des-Champs*, composée par le P. Marrier. Tous les détails contenus dans cette pièce offrent trop d'intérêt pour qu'il soit permis de l'abréger ou d'en changer les termes. Elle doit être rapportée textuellement, malgré sa longueur, puisqu'elle seule peut aujourd'hui nous donner une connaissance exacte du plus ancien oratoire établi à Paris par les premiers chrétiens.

La crypte de Saint Denys. — « L'an mil six cens onze, le « 13e jour de juillet, après midy, par devant Pierre Pochet, « secrétaire de la chambre du roi, prévost de Montmartre « pour Mesdames les religieuses, abbesse et couvent dudict « Montmartre, estans audict lieu, y seroit comparu Maistre « François du Bray, receveur et procureur des dictes « Dames. Lequel nous auroit remonstré que les dictes « Dames voulans faire aggrandir et accroistre leur cha- « pelle du Martyre de Monsieur Sainct-Denis et ses com- « pagnons, vulgairement dicte, la chapelle des Saincts « Martyrs. Laquelle est située au bas de la closture des « dictes religieuses, du costé de Paris, les massons tra- « vaillans aux fondements des murs nécessaires pour faire « ledict accroissement, auroient trouvé, au delà du bout « et chef de la dicte chapelle, qui regarde du costé du « Levant, une voulte, soubs laquelle il y a des degréz pour « descendre soubs terre en une cave. Auquel lieu, il nous « a supplié nous vouloir transporter et y descendre pour « voir et visiter que c'est. Au moyen de quoy, ce requé- « rant ledict du Bray, accompagné de luy et de Maistre « Jean Tesnière, Julian Gueret et Jacques Chevalier, pres-

« tres et chapellains des dictes Dames, tant en leur abbaye, « qu'en leur dicte chapelie des Martyrs, et de Maistre Jean « Gobelin, maistre masson demeurant à Paris, rue et « paroisse Sainct Paul, et d'Adam Boissart, peintre et « sculpteur, demeurant à Paris, rue Pavée, paroisse Sainct « Sauveur, à l'image Sainct-Nicolas, inclinans à la requeste « dudict de Bray, nous serions transportez au chef et pointe « orientale de ladicte chapelle par le dehors d'icelle. « Auquel lieu y aurions trouvé plusieurs massons et ma- « nœuvres, qui travailloient sous ledict Gobelin, à faire « les fondemens et l'agrandissement de la dicte chapelle. « En présence desquels, ledict Gobelin nous a montré un « trou et pertuis, qui avoit esté fait par les dicts manœu- « vres à la voulte d'une certaine montée, en creusant les « dicts fondements. En laquelle voulte, ce requérant le « dict du Bray, nous serions descendus par ledict trou, « avec une échelle, dans ladicte montée, accompagné de « luy et de notre greffier, et des dicts Tesnière, Gueret et « Chevalier, Gobelin et Boissart, avec deux chandelles « allumées. Et aurions trouvé que c'estoit une descente « droitte ; laquelle a cinq pieds et un quart de largeur. Par « laquelle serions descendus trente-sept dégrez » (il y en avait, dans le haut, treize autres ensevelis alors sous les décombres en tout cinquante) « faicts de vieille mas- « sonnerie de plastre, gastez et escornez ; le dessus de « laquelle descente est voulté. Et au bas d'icelle descente, « aurions trouvé une cave ou caverne prinse dans un roc « de plastre, tant par le haut, que par les costez et circuit « d'ycelle. Laquelle aurions fait mesurer par ledict Gobe- « lin, qui a trouvé qu'elle a de longueur, depuis l'entrée « jusqu'au bout, qui est en tirant vers la closture des dictes « religieuses, trente-deux pieds. L'entrée de laquelle a « huict pieds de largeur ; et en un endroit distant de ladicte « descente de neuf pieds, elle a de largeur seize pieds, et « le surplus d'icelle va en estressissant, en sorte qu'au bout

« vers la closture des dictes religieuses, elle n'a que sept « pieds de largeur. Dans laquelle cave, du costé de l'Orient, « il y a une pierre de plâtre biscornue, qui a quatre pieds « long et deux pieds et demy de large, prinse par son « milieu, ayant six poulses d'espaisseur, au-dessus de « laquelle, au milieu il y a une croix, gravée avec un « sizeau, qui a six poulses en quarré de longueur, et deux « poulses de largeur. Icelle pierre est élevée sur deux « pierres de chacun costé, de moillon de pierre dure, de « trois pieds de hault, àppuyée contre la roche de plastre, « en forme de table ou autel, et est distant de ladicte « montée de cinq pieds. Vers le bout de laquelle cave, à « la main droite de l'entrée y a dans ladicte roche de « pierre une croix imprimée avec quelque poinson, ou « cousteau, ou autre ferrement. Et y sont en suite ces « lettres, MAR. Il y a apparence d'autres qui suivoient, « mais on ne les peut discerner. Au mesme costé, un peu « distant de la susdicte croix, au bout de la dicte cave, est « encore imprimée une autre croix dans ladicte roche de « plastre. Et à la main gauche de ladicte cave, en entrant, « à la distance de vingt-quatre pieds, dès l'entrée, s'est « trouvé ce mot écrit de pierre noire sur le roc, CLEMIN. « Et au costé dudict mot y auroit quelque forme de lettres, « imprimées dans la pierre avec la pointe d'un cousteau « où autre ferrement, ou il y a DIO, avec autres lettres « suivantes qui ne se peuvent distinguer. La hauteur de la « cave en son entrée est de six pieds, jusqu'à neuf pieds, « en tirant de la dicte entrée vers le bout de la dicte cave. « Et le surplus jusques au bout est rempli de terre et gra- « vois ; ou il y a plusieurs pierres et thuillaux fort frapez « et affermis par dessus ainsy qu'une terrasse; de manière « qu'au dela desdicts neuf pieds, il n'y a de distance en la « hauteur depuis les dictes pierres et gravois jusqu'en « haut que trois pieds en aucun endroits, et quatre en « autre : de sorte que l'on ne peut s'y tenir debout. Ce

« faict nous serions sortis de ladicte cave, et remontez par « ledict degré, accompagnez des dessus nommez. Lesquels « en foy de ce, ont avec nous signé nostre présent procez « verbal, les jour et an que dessus. »

Sauval, toujours sceptique, semble croire que ce mystérieux souterrain fut alors creusé à dessein, dans le but de ranimer la dévotion des parisiens envers leurs premiers apôtres. Mais une semblable opinion ne saurait être admise sans preuves. D'ailleurs, trop de témoins visitèrent cette crypte dès les premiers jours, pour qu'il eût été possible de leur en imposer à tous par une adroite supercherie. Dès que la nouvelle de la découverte faite à Montmartre fut parvenue à la cour, la reine mère, Marie de Médicis, les dames attachées à sa personne, puis le clergé, les fidèles, et tout ce que Paris renfermait d'hommes instruits ou pieux, accoururent avec empressement pour visiter ce monument de la foi naissante. Plus de soixante mille personnes y vinrent alors adresser leurs prières aux Martyrs; on fit, pour connaître l'origine et l'usage de cette crypte, d'inutiles recherches dans les différentes archives de la Ville de Paris, et surtout dans celles du Prieuré de Saint-Martin-des-Champs, dont les moines avaient possédé la chapelle du Saint-Martyre, dès la fin du XIe siècle. Le P. Marrier, que nous avons déjà cité plusieurs fois, pense que ce souterrain dut servir d'oratoire aux premiers chrétiens et en même temps, de sépulture aux Martyrs dont les restes en furent tirés dans la suite, pour prendre place sur les autels. Il y recueillit, parmi les décombres, une dent humaine, double en grosseur de celles des hommes de nos jours, dit le bon religieux. Quand il visita le crypte, les caractères tracés sur les murs n'étaient plus visibles ; il accuse les Huguenots de les avoir effacés, pendant la nuit, et d'avoir aussi mutilé l'autel. L'abbé Lebeuf, si judicieux d'ordinaire dans ses observations, semble s'être complètement abusé en regardant le crypte du Saint-

Martyre comme une espèce de magasin où les habitants de Montmartre et des environs venaient cacher, en temps de guerre, leurs meubles les plus précieux. On peut lire dans son *Histoire du diocèse de Paris*, les motifs sur lesquels il appuie son opinion, et qui ne sont rien moins que concluants. Les titres de l'ancienne abbaye ne renferment aucun document qui autorise cette conjecture. D'ailleurs, les bâtiments, occupés par les religieuses et entourés de fortes murailles, auraient offert un asyle plus sûr qu'une chapelle rejetée à une des extrémités de l'enclos. Il ne serait pas impossible cependant que la crypte des Martyrs eût, dans quelques circonstances pressantes, servi de refuge aux pauvres paysans de la Montagne, mais ce n'était certainement pas là sa destination primitive. Sans adopter absolument la manière de voir des auteurs qui prétendent que saint Denys célébrait la messe sur l'autel de cette crypte, comme nos prêtres le disent aujourd'hui, nous pensons que ce souterrain eut pour les premiers chrétiens une destination à la fois sépulcrale et religieuse. C'était, dans des proportions infiniment réduites, un souvenir des majestueuses catacombes de Rome.

Réparation de la chapelle. — Ravivée par cette sainte découverte, la piété des Parisiens produisit aux religieuses d'abondantes aumônes. Mais le mal avait été si grand, qu'il fallut plusieurs années pour le réparer. L'abbesse Marie de Beauvilliers commença par renfermer dans la clôture de l'abbaye la chapelle qui, jusque-là, en avait toujours été détachée. Elle fit, dit le P. Marrier, « conduire « des murailles du monastère supérieur à la dite chapelle « située sur le penchant du Mont ; elle résolut aussi de « bâtir, pour elle et toute sa dévôte famille, une voie tran- « quille et couverte. »

Ce dernier projet ne reçut son exécution qu'après la mort de l'abbesse. La chapelle du Saint-Martyre sortit bientôt de ses ruines. Mais elle n'était encore qu'un simple oratoire de dévotion, desservi par deux chapelains.

En 1612, suivant le P. Dubreul (1), les religieuses s'y rendaient seulement les jours de dimanche et de fêtes. Ce ne fut qu'en 1622 que cette chapelle prit une nouvelle face en recevant le titre de prieuré. Marie de Beauvilliers y fit ajouter un chœur pour les religieuses et la couronna d'un dôme.

Le prieuré. — On doit regarder comme les véritables fondateurs du prieuré, Pierre Forget (2), seigneur de Fresnes, secrétaire d'Etat, intendant des bâtiments du roi, et sa femme, Anne de Beauvilliers, sœur de l'abbesse. Ce seigneur, dont le portrait figure aujourd'hui dans les galeries de Versailles, possédait une immense fortune. Au moment de sa mort, arrivée en 1610, il fit un legs considérable à l'abbaye. Dans son testament, conservé au cartulaire de Montmartre, il témoigne la dévotion la plus vive pour la chapelle bâtie (ce sont ses propres expressions) par la piété des premiers fidèles, en l'honneur du martyre de saint Denys, et demande à être enseveli dans l'église haute du monastère, l'état de délaissement où se trouvait alors l'oratoire des Martyrs s'opposant au désir qu'il avait d'y choisir sa sépulture.

Fidèle à exécuter la volonté dernière de son époux, Anne de Beauvilliers adressa immédiatement une requête (3) à Henri de Gondi, évêque de Paris, pour obtenir de ce

1. Dubreul, p. 1157.

2. V. l'épitaphe de Pierre Forget, *Histoire des secrétaires d'Etat*, par Fauvelet du Toc, 1667.

3. Dans cet acte, on donne à l'abbaye le nom de Sainte-Marthe, sans doute par erreur de copiste, au lieu de Sainte-Marie. Anne de Beauvilliers fit transport de 120 livres de rente, qu'elle avait données pour entretenir la fondation du prieuré de la Ville-l'Evêque jusqu'à ce qu'il eût le revenu nécessaire et, outre cela, encore vingt sept mille livres, afin d'acheter des fonds, des terres et autres choses semblables. (Sauval).

prélat l'autorisation d'ériger la chapelle du Saint Martyre en prieuré conventuel et d'y unir les deux chapellenies. Les commissaires épiscopaux lui permirent de fonder en ce lieu dix religieuses (1622). Un don de 27,000 livres fut consacré par elle à leur établissement. L'abbesse, les deux prieures, celle de l'ancienne abbaye et celle du nouveau monastère, la sous-prieure, quarante cinq religieuses, le prévôt des marchands et les échevins de Paris, souscrivirent, en 1627, l'acte par lequel cette somme fut employée à l'achat d'une rente de deux mille sept cents livres tournois sur les aides de la ville. Dès lors, le prieuré se trouva définitivement constitué. Les deux chapelains fondés par la comtesse de Saint-Gilles et par Hermer de Montmartre donnèrent leur démission, et les revenus de leurs chapellenies furent réunis par l'autorité épiscopale à celui des religieuses.

Les titres déposés aux archives du royaume, nous font connaître les noms de quelques prieures du Saint-Martyre. La première, élüe en 1622, se nommait Denyse de Murat; puis, vinrent Marie de la Noue, en 1627, Marguerite Langlois, en 1662 et 1672, Marguerite Ferrand, en 1682, Louise Cornuty, en 1742.

Confrérie de Saint-Denis. — Un an après l'érection du prieuré, le pape Grégoire XV institua dans la chapelle, à la demande de l'abbesse de Montmartre, une confrérie placée sous l'invocation de saint Denys et destinée aux fidèles des deux sexes. La mort empêcha ce pontife de faire dresser l'acte nécessaire pour confirmer la fondation du prieuré. Mais Urbain VIII, qui lui succéda, sanctionna cet établissement par une bulle datée de la première année de son pontificat. Louis XIII voulut contribuer à la dépense des nouveaux bâtiments. Par ses lettres de l'an 1630, vérifiées l'année suivante à la Chambre des comptes, il donna 374 livres de rente pour doter la chapelle *nouvellement* construite en l'honneur des Saints Martyrs.

Libéralités d'Anne d'Autriche. — En 1662, la reine mère Anne d'Autriche, croyant devoir à saint Denys, dont elle avait invoqué le secours, la guérison du roi son fils attaqué, en 1657, à Calais, d'une longue et périlleuse maladie, constitua aux religieuses de Montmartre une rente de huit cents livres, sur une partie du domaine de Calais, qu'elle possédait à titre de douaire, en même temps une belle lampe d'argent, qui devait brûler nuit et jour dans la chapelle basse de saint Denys. Les religieuses s'engagèrent de leur côté à faire célébrer, dans cette même chapelle, une messe quotidienne et perpétuelle, pour témoigner au saint apôtre de Paris la reconnaissance de la reine. Louis XIV, par un acte de 1662 enregistré à la Chambre des comptes le 4 juin de la même année, accorda la sanction royale aux libéralités de sa mère, en déclarant qu'il était redevable de sa guérison au secours du patron des rois de France.

La chapelle du Saint-Martyre agrandie, sa description. — A l'époque où le titre abbatial fut transféré à la chapelle du Saint-Martyre, elle prit une extension plus grande et s'entoura de tous les bâtiments nécessaires à une congrégation nombreuse. Au moment de notre révolution de 1789, elle passait encore pour un des sanctuaires les plus vénérés du diocèse. L'édifice, de construction moderne, puisqu'il ne datait que du règne de Louis XIII, se composait d'une nef assez large, décorée de pilastres. Un dôme s'élevait au-dessus de l'autel ; au-delà, se trouvait, vers l'orient, un vaste chœur, destiné aux religieuses et orné de neuf grands tableaux. Une chapelle, dédiée à saint Ignace, possédait aussi une peinture précieuse représentant l'Assomption. Les monuments anciens, que ce saint lieu avait dû renfermer, n'existaient plus depuis longtemps. Le tombeau de la reine Adélaïde, retiré de l'église abbatiale, avait bien été réédifié dans le chœur du

Saint-Martyre. Mais on ne voyait plus aucune trace des tombes sous lesquelles La Mole et Coconas, ces fameux favoris de François, duc d'Alençon, frère de Charles IX, avaient reçu la sépulture, en 1574, aussitôt après leur supplice. Une simple inscription conservait la mémoire d'Antoine Boesset, « le génie de la musique douce, dit « Sauval, et si estimé du roi Louis XIII, qu'il le fit inten- « dant de la musique de sa chambre et de celle de la « reine. Les religieuses à qui il avait appris à chanter « arrosèrent son tombeau de leurs larmes. »

Une tradition très ancienne indiquait, dans l'enceinte même de la chapelle, l'endroit où saint Denys consomma son martyre.

CRYPTE. SAINT IGNACE ET SES COMPAGNONS. — Dans la chapelle basse, un tableau placé sur l'autel représentait le jésuite Lainez, tenant entre ses mains l'hostie sainte, tandis que le fondateur de la compagnie de Jésus, près de recevoir la communion, lisait la formule de son engagement solennel, au milieu de ses compagnons prosternés. Deux inscriptions, enchâssées dans de riches encadrements de marbre et gravées sur des lames de bronze doré, rappelaient que saint Ignace avait prononcé là ses premiers vœux. Il s'était préparé à ce grand acte, en passant plusieurs nuits en prière, hors de l'église du Saint-Martyre, dans une ancienne carrière de plâtre.

On lisait, au dessus d'une colonne placée près de l'entrée de la chapelle basse :

SACRA ET PIA SOCIETATIS JESU INCUNABULA
PARENTIBUS OPTIMIS FILII POSUERE.

Plus bas, se voyait l'inscription suivante :

D. O. M.

SISTE SPECTATOR

ATQUE IN HOC MARTYRUM

SEPULCRO,

PROBATI ORDINIS CUNAS LEGE

SOCIETATIS JESU,

QUÆ SANCTUM IGNATIUM LOIOLAM PATREM.

AGNOSCIT

LUTETIAM MATREM.

ANNO SALUTIS MDXXXIV. AUG. XV

HIC NATA EST

CUM IGNATIUS IPSE ET SOCII

VOTIS

SUB SACRAM SYNAXIM RELIGIOSE CONCEPTIS

SE DEO IN PERPETUM CONSECRARUNT

AD MAJOREM DEI

GLORIAM. (1)

STATUE DE SAINT DENYS, XVIIe SIÈCLE. — La chapelle où saint Ignace avait ainsi fondé son ordre fut détruite à la suite des guerres du XVIe siècle. Mais celle qui renfermait les inscriptions commémoratives occupait exactement la même place ; décorée aux frais d'Anne d'Autriche, elle possédait la riche lampe votive offerte par cette reine, et une magnifique statue en marbre blanc, sculptée d'après les ordres de la même princesse par l'illustre Jacques Sarrazin, le premier sculpteur de son temps. Cette figure représentait saint Denys, en habits pontificaux, agenouillé devant l'autel. Le Conservateur du Musée des Monuments français l'arracha, en 1793, à une destruction inévitable ; elle a été donnée, depuis le rétablissement du culte, à l'église paroissiale de Saint-Jean-Saint-François, à Paris (2).

---

1. J'emprunte la première ligne D. O. M. et les deux dernières lignes à un recueil manuscrit du XVIIIe siècle. Voir ci-après.

2. L'attribution de la statue de Saint-Denis à Sarazin paraît erronée ; elle serait de Gaspard et Balthazar Marsy. Voir la reproduction de l'œuvre dans le *Bulletin du Vieux-Montmartre*, tome II, n° 34, p. 138.

Crypte. — C'était dans la chapelle basse, sur la droite, que se trouvait l'entrée de la crypte. On y conserva, jusqu'à la Révolution, la pierre sur laquelle le peuple croyait que Saint-Denys avait offert le saint Sacrifice. Mais il ne s'y célébrait aucun office, à cause de l'humidité qui pénétrait de toutes parts à travers le plâtre dont étaient formées les parois latérales de la voûte. Le véritable fidèle devait éprouver, en priant dans ce lieu, une émotion bien saisissante. L'histoire tout entière du christianisme semblait s'y résumer à l'imagination, avec les combats des premiers martyrs, les triomphes achetés aux prix des persécutions, le mystère des cérémonies sacrées, la sévérité presque sauvage de ce culte réduit à s'ensevelir dans les profondeurs des carrières, la force divine des apôtres, leur parole puissante, leurs vertus, et les miracles de leurs tombeaux. Aussi, ce fut une idée noble et généreuse que de venir sur cette terre arrosée du sang des disciples du Christ, promettre au même Dieu de tout souffrir pour la gloire de son nom. L'exemple donné par Ignace de Loyola, trouva des imitateurs.

Le cardinal de Bérulle, fondateurs d'ordres. — Le cardinal de Bérulle conduisit, en 1604, devant l'autel de saint Denys, deux carmélites espagnoles, les sœurs Anne de Jésus et Anne de Saint-Barthélemy, compagnes de sainte Thérèse, qui venaient, suivies de quatre religieux, établir leur ordre en France. Bérulle revint en ce lieu avant d'instituer la Congrégation de l'Oratoire. On se rendait à la chapelle du Saint-Martyre, dit l'abbé Lebeuf, pour puiser à sa source l'esprit des premiers chrétiens. Barbe Avrillos, fondatrice des Ursulines, Vincent de Paule, qui établit les Lazaristes et les sœurs de la Charité, Francois de Sales, le législateur de l'ordre de la Visitation, le pieux abbé Ollier, qui fut le père de la célèbre communauté des Sulpiciens, n'entreprirent leurs saints travaux qu'après avoir tous imploré dans cette même chapelle l'assistance du premier évêque de Paris.

*
* *

Tant de souvenirs n'ont pas préservé la chapelle des fureurs du vandalisme. Il ne nous en reste pas même un débris. Renversées par le marteau des spéculateurs, les pierres ont été vendues à la toise, et la crypte elle-même a disparu au milieu des éboulements auxquels l'extraction du plâtre expose sans cesse le sol de Montmartre. Un dessin lithographié, sans importance artistique, représente la chapelle au moment de sa destruction. On y reconnaît facilement les trois grandes divisions, la chapelle haute, la chapelle basse et la crypte avec ses degrés. Mais les détails y sont trop peu fidèlement rendus pour pouvoir servir de base à un travail descriptif.

Cérémonies particulières aux deux églises de Montmartre

Des cérémonies religieuses d'un caractère imposant illustraient autrefois l'abbaye de Montmartre. Le chapitre métropolitain de Notre-Dame y venait, de toute antiquité, faire la première station des Rogations (1). Il est à remarquer que les autres stations avaient également lieu dans des églises dont les annales ecclésiastiques rapportaient l'origine au temps de saint Denys. C'étaient Sainte-Marie-des-Champs, où les premiers chrétiens avaient eu un de leurs oratoires; Saint-Etienne-des-Grès, qui fut, dit-on, le siège des successeurs immédiats de saint Denys ; Saint-Benoît où, d'après une vieille inscription tracée sur une verrière, saint Denys avait commencé à invoquer le nom de la Sainte-Trinité ; Saint-Denys-du-Pas, où les trois apôtres parisiens avaient souffert la torture ; Saint-Denys de la Chatre, élevée sur les débris de leur cachot ; enfin, la grande abbaye de Saint-Denys et l'église paroissiale d'Estrée, où leurs reliques et leurs sépulcres brillaient environnés d'une gloire immortelle. Les chanoines de Paris choisirent encore, à une époque très reculée, l'église de Montmartre pour une de leurs stations de carême. Ils

1. Le prieuré de Saint-Lazare qui a succedé à l'abbaye de Saint-Laurent, est tenu à une redevance « envers les Marguilliers de l'Eglise de Paris à l'heure que son clergé revenoit de Montmartre le lundi des Rogations, dont un manuscrit d'environ l'an 1490 parle en ces termes : « Les Marguilliers ont toujours pris le lundi « avant l'Ascension quand la procession est retournée de Montmartre à Saint-« Ladre, XXI sistreuses de vin (chacune sistreuse tenant trois chopines) par les « mains des sergens du chapitre, lequel vin les Freres de Saint-Ladre payent et « livrent audicts sergents. » Lebeuf, *Histoire du Diocèse de Paris*, t. 1, 2e partie, p. 184. Art. Saint-Lazare. (Edition Bournon, 1, p. 302-303).

s'y rendaient solennellement le vendredi de la semaine de la Passion.

De grandes indulgences, octroyées par les papes, attiraient dans la chapelle du Saint-Martyr un grand concours de peuple, surtout les dimanches et fêtes, depuis le jour de Pâques jusqu'à celui de la Pentecôte.

La corporation des orfèvres. — Les maîtres orfèvres et affineurs de Paris conservaient, depuis plusieurs siècles, l'usage de faire célébrer au Saint-Martyre, tous les dimanches de l'année, une messe basse dans la chapelle inférieure et une grand'messe suivie de vêpres, le lendemain de la Saint-Denys, le 22 avril, jour de l'invention des corps saints, et le 19 du même mois, fête anniversaire de la dédicace de cette chapelle. En 1609, les orfèvres, qui se disaient dès lors en possession immémoriale de faire officier dans la chapelle, crurent pouvoir se passer du consentement des religieuses, et se firent autoriser par le grand vicaire de l'évêque à continuer comme par le passé. Mais l'abbesse, jalouse de maintenir les droits de sa communauté, forma un appel comme d'abus par devant la cour du Parlement. Trois arrêts successifs, intervenus en 1609, 1610 et 1611, décidèrent que les religieuses devaient, aux jours accoutumés, ouvrir leur chapelle à la communauté des orfèvres, à condition que ceux-ci s'assembleraient à des heures convenues, de manière à ne point troubler les exercices du monastère, et que les offrandes, oblations ou aumônes faites dans la chapelle, resteraient aux Dames de Montmartre. Cette dévotion des orfèvres pour l'oratoire du Saint-Martyre vient à l'appui de notre opinion sur une restauration des églises de la montagne par le roi Dagobert. Saint Eloi, qui fut un favori de ce prince, est devenu, depuis une longue suite de siècles, le patron des orfèvres, dont il avait illustré l'industrie par ses œuvres. Il semble naturel de croire que l'usage, en vigueur dans la communauté des orfèvres, de se rendre à Montmartre en cérémonie, se rattache à quelque fait ignoré de la vie de leur saint protecteur, trop dévôt envers saint Denys, dont il fabriqua lui-même les châsses, pour avoir négligé de rendre un culte aux autels élevés sur le lieu du martyre de l'apôtre parisien. Malheureusement, aucun texte ne confirme cette conjecture, quelque fondée qu'elle paraisse.

Saint Raboni. — Il se faisait à Montmartre deux pélerinages réguliers. Les femmes qui avaient à se plaindre de leurs maris allaient invoquer, dans l'église haute, saint Raboni (1), dont la puissance était efficace pour *rabonnir* les caractères les plus intraitables. Cette superstition rapportait, suivant Sauval, de grosses sommes aux religieuses. Les maris, de leur côté, se rendaient au Saint-Martyre, pour demander la conversion des femmes qui les martyrisaient. Ces pratiques avaient été supprimées longtemps avant la Révolution.

Fier d'habiter un sol fertile en miracles, le peuple de Montmartre se piquait autrefois d'une rigoureuse orthodoxie. Une force invisible écartait de cette sainte montagne tout hérétique ou mécréant. Des Huguenots tentèrent vainement de s'y établir. Ils y trouvèrent toujours une ruine immédiate ou une mort soudaine. Le ciel s'est bien radouci depuis cette époque ; catholiques, hérétiques et incrédules y vivent, de nos jours, en bonne intelligence, et sans éprouver les uns plus que les autres, les redoutables effets de la divine colère (2).

---

1. L'origine du culte de saint Raboni était vraiment bizarre. Il y avait eu anciennement, dans l'église haute de Montmartre, un groupe de sculpture représentant la Madeleine au moment où, prosternée aux pieds du Sauveur ressuscité, elle s'écria : *Rabboni*, c'est-à-dire : mon Maître (Ev. sec. Joh., cap. xx, v. 16). Les bonnes femmes de Montmartre, qui ne savaient ni l'hébreux, ni même le latin, et connaissaient du christianisme tout autre chose que l'Evangile, ne virent là qu'une femme désolée demandant au Saint protecteur du beau sexe le rabonnissement d'un époux farouche ou infidèle.

2. « A cause du martyre de Saint-Denys, les paysans ne souffrent aucun huguenot sur la montagne, et disent que, de ceux qui s'y sont établis par force, il n'en est aucun qui ne s'y soit ruiné ou converti. » (Sauval).

La Procession Septennaire. — La plus importante de toutes les cérémonies célébrées à Montmartre était, sans contredit ; la procession fameuse que les moines de Saint-Denys venaient y faire, tous les sept ans, pour honorer la mémoire des Martyrs. Ces religieux allaient anciennement, chaque année, en procession à une des églises voisines de leur abbaye, pendant les cinquante jours qui séparent Pâques de la Pentecôte. Ces stations étaient fixées à Notre-Dame des Vertus, à Pierrefitte, à Stains, à la Cour-Neuve, à Montmartre, à Saint-Ouen-sur-Seine et à la Chapelle. Dans la suite, la dévotion des moines s'étant refroidie comme celles des simples fidèles, la station de Montmartre fut seule conservée, afin que les restes des trois saints apôtres fussent portés triomphalement sur la terre où leur sang avait coulé pour la foi. L'origine de cette procession septennaire n'a point été rapportée par les historiens de l'abbaye de Saint-Denys (1). On sait seulement que, dès le XIIIe siècle, elle occupait le premier rang parmi les grandes cérémonies en usage dans ce monastère. Elle se faisait d'ordinaire un jour de fête ou de dimanche, et le plus souvent, le 1er mai. En 1742 cependant, elle eut lieu le 6 du même mois, parce que ce jour se trouvait être un dimanche et qu'on voulait faciliter au peuple le moyen d'assister à cette cérémonie. Des affiches, placardées dans toutes les églises du diocèse, l'annonçaient longtemps à l'avance. Les religieuses de Montmartre commençaient aussitôt de ferventes neuvaines, pour obtenir de Dieu un temps favorable. La veille de la solennité, toutes les cloches de la ville de Saint-Denys ne cessaient de sonner pendant plusieurs heures. Enfin, le jour choisi étant arrivé, tout le clergé régulier et séculier se réunissait, à cinq heures du matin, dans l'église abbatiale. Après avoir

1. Félibien, *Histoire de Saint-Denis*. Lettre écrite le 13 Mai 1728 de Dom. J.-B. de Bourneuf, maître de cérémonies de Saint-Denis. Voir la copie aux Archives du royaume. *Mercure de France*, mai 1742.

chanté quelques antiennes, le cortège se mettait en marche dans l'ordre suivant, aü son des cloches et des tambours. Les pélerins de Saint-Jacques en grand costume, avec leur chaperon couvert de coquilles, paraissaient les premiers. Puis arrivaient successivement les Récollets, les sept curés de la ville, avec leur clergé, leurs croix et leurs bannières, le chapitre de Saint-Paul, les chanoines de l'Estrée, les officiers de la justice abbatiale, et la communauté de l'abbaye, composée ordinairement d'environ cent moines. Douze religieux, couverts d'éclatantes tuniques, se succédaient deux à deux, pour porter tour à tour, sur un brancard brillant d'or, le chef de Saint-Denys. Un reliquaire magnifique, tout en or pur, parsemé de pierreries et de perles, soutenu par deux anges de vermeil, renfermait la tête du Martyr. Il avait la forme d'un grand buste, coiffé d'une mitre, dont rien ne pouvait égaler la richesse. L'abbé Mathieu de Vendôme avait donné à son église ce splendide joyau. Les chevaliers de l'arquebuse, avec leurs tambours et leurs drapeaux, s'avançaient sur deux lignes autour du reliquaire, qu'ils ne devaient pas perdre de vue. Le célébrant, revêtu d'une chappe, marchait derrière la relique.

La procession traversait toute la plaine, en chantant des psaumes, des hymnes et les grandes litanies. Arrivée au pied de la montagne, elle s'arrêtait à la chapelle de Clignancourt, où les aumôniers et chapelains des Dames de Montmartre, accompagnés des officiers de justice, venaient offrir l'encens, d'abord au chef du saint apôtre, puis aux moines. En 1742, ce fut l'abbé de la Rochefoucault, depuis archevêque de Bourges, qui reçut à Clignancourt, avec un nombreux clergé, les moines de Saint-Denys. Quelques prières se prononçaient pendant la station, et le cortège commençait ensuite à gravir la montagne, en chantant une hymne que Santeuil avait composée tout exprès pour cette cérémonie. Anciennement, la procession se rendait à l'église haute ; mais, depuis le déplacement du titre abbatial, elle avait abandonné cette église pour la chapelle du Saint-Martyre. Des troupes, placées à la porte de l'abbaye, écartaient la foule toujours très nombreuse et rendaient à la relique les honneurs militaires. Enfin, tout le cortège entrait dans l'église.

Les moines, par une permission spéciale de l'archevêque, accordée pour ce jour seulement, prenaient place dans le chœur aux stalles des religieuses. On déposait la relique devant la grille de clôture ; deux chevaliers de l'arquebuse veillaient sur elle pendant toute la cérémonie, et les Dames de l'abbaye priaient, prosternées autour du chef de leur saint patron. Le grand prieur célébrait alors la messe, avec les solennités usitées aux plus grandes fêtes annuelles ; les religieux exécutaient tous les chants, et faisaient ensuite réciter les heures par leurs chantres. Ils se retiraient ensuite, pour se reposer un instant et prendre quelque nourriture. Avant la réforme de Montmartre, les moines et les religieuses mangeaient ensemble dans le grand réfectoire. Cet usage avait été prudemment supprimé, à cause des abus qui pouvaient en résulter; les moines envoyaient depuis les provisions nécessaires, et, sans pénétrer dans l'intérieur du couvent, se rendaient à un logis qu'on leur avait préparé en dehors de la clôture. On leur distribuait à chacun du beurre, des raves, deux œufs et un morceau de pâte de poisson. Cependant, le sous-prieur ou le doyen des moines disait une seconde messe, durant laquelle un chœur de religieux, placé devant la grille, faisait entendre des chants sacrés. Avant de sortir de l'église pour retourner à Saint-Denys, le grand prieur, assisté de deux moines en chappes, présentait le chef de Saint-Denys à baiser à l'abbesse, aux religieuses et aux pensionnaires. Pendant cette cérémonie, on chantait le *Te Deum*. Les moines entonnaient aussitôt après les grandes litanies, et reprenaient la route de leur monastère, où ils retournaient dans le même ordre qu'ils étaient venus. Après quelques oraisons, ils replaçaient la châsse dans le trésor. Cette longue procession ne se terminait que vers le soir, après avoir duré environ douze heures. Les officiers des justices de Saint-Denys et de Montmartre en dressaient procès-verbal.

Au moment de baiser la relique, l'abbesse de Montmartre devait présenter une offrande à saint Denys. En 1728, Mme de la Tour d'Auvergne donna un voile de velours cramoisi brodé d'or, estimé cent écus, et destiné à couvrir le pupitre de l'Evangile. Il est probable que, dans le principe, les abbés de Saint-Denys présidaient eux-mêmes à la cérémonie. Mais depuis l'introduction des commandes si fatales à l'esprit religieux, les prélats laissèrent ce soin aux grands prieurs ; la perception des revenus de la mense abbatiale ne leur laissait pas le temps de s'occuper des charges de leur dignité. En 1645, la procession reçut un éclat inaccoutumé de la présence de Nicolas de Bagny, archevêque d'Athènes et nonce du pape. Félibien rapporte que ce prince de l'église officia pontificalement. Un moine de Saint-Denys prêcha au moment de l'offertoire, et les religieuses chantèrent à l'élévation un motet que leur avait apris le musicien Boesset. La dernière des processions septennaires dut avoir lieu en 1784. Elles n'avaient éprouvé aucune interruption, depuis les guerres de la Ligue. Il existe des relations très détaillées de celles qui se firent en 1645, en 1728 et en 1742 (1).

1. Voir quelques détails complémentaires dans l'article intitulé « La procession du chef de saint Denis ». *Bulletin du Vieux Montmartre*, avril 1895, n° 22.

Débris Divers [1]

Une base de double colonnette.

Une base de simple colonnette.

Fragment d'un arceau de cloître.

Arrachements de murs.

Chapiteaux de marbre (aujourd'hui au Musée de Cluny).

Entablement avec frise à pampres (aujourd'hui au Musée de Cluny).

Moitié de statue en pierre peinte.

Croix à double face (aujourd'hui au Musée de Cluny).

TOMBE DU XIIIe SIÈCLE. — Tombe d'abbesse, XIIIe siècle, gravée en creux ; arc ogive sur deux colonnettes ; l'abbesse crosse en main ; semis de fleurs de lys et de tours de Castille ; l'inscription, autrefois sur les bords, n'existe plus. M. Albert Lenoir l'a publiée dans la *Statistique monumentale de Paris*. J'ai vu encore, en 1856, cette dalle employée comme parement à une fontaine sur le versant septentrional de la montagne, dite la fontaine du Bût, ou de Saint-Denis. Autre dalle avec épitaphe moderne, employée à la même fontaine. M. Lenoir m'a dit que des tombes anciennes se trouvaient employées en dallage, dans plusieurs maisons.

---

1. Guilhermy, à la suite de son travail, avait ajouté un certain nombre de notes, prises au cours de ses visites à Montmartre.

Nous avons cru devoir les conserver et les publier sous leur forme un peu fruste, pour garder à l'œuvre du savant archéologue sa physionomie originale.

Cimetière nouveau, voisin de l'église

Tombeau de personnages distingués, xixe siècle. — Profanation des tombeaux. Epitaphes modernes, employées au pavement de l'église. Tombeau d'une dame russe, que ses deux fils étaient venus visiter, et qu'ils ne trouvèrent plus.

Catherine-Madeleine de Jort de Fribois, veuve de Nicolas-René Berryer, ministre et garde des sceaux, morte en l'an X, le 29 juin 1802.

Louis Paul de Brancas, lieutenant général, mort le 4 juin 1802, fils du Maréchal de Brancas.

Céleste Maclovie de Coetquen, Duchesse de Duras, veuve du maréchal de ce nom.

Le Comte de Vaudreuil, ancien grand fauconnier de France, pair et lieutenant général, mort en 1817.

Le Vicomte de Vaudreuil, lieutenant général, mort en 1816, et sa femme Victoire Riquet de Caraman.

Pierre Portal, chanoine de Paris.

Le Baron Portal, médecin de Louis XVIII et de Charles X, mort en 1832. Monument de marbre ; près de lui reposent sa femme et sa fille.

Le Comte de Romanet, de noble famille limousine, mort en 1823.

Monseigneur A. de Voisins.

Le Général Mathieu Dumas et sa famille.

M. d'Eprémesnil.

Marie Joséphine de Montendre, veuve de Bougainville, chef d'escadre et sénateur, morte en 1816.

Sépulture des Fitz-James, entre autres du Duc de Fitz-James, mort en novembre 1838.

Le Vicomte de Vintimille, vice-amiral, mort en 1817.

Le Baron de Lalive, introducteur des ambassadeurs, mort en 1829.

Sépulture des Montesquiou de Fezensac. Les épitaphes sont dans le style républicain, celle-ci par exemple : *Ici repose Alphonse Marc-Antoine-Joseph Fezensac Montesquiou, mort en 1803.*

Sur marbre ou pierre noire, dont il ne reste que moitié, épitaphe en français, de Dame Marie Courtin, femme du Marquis de Renou..... Me des requêtes, etc., † en février 1464. Encadrement historié.

Sur marbre noir en partie scié, épitaphe, en français, de Nicolas Doublet, avocat au parlement, seigneur de Saint-Aubin-sur-Yonne, chef des conseils des maisons de Soissons et de Longueville, † 28 avril 1651 ; et celle de sa femme, Marie Lenoir, † octobre 1677; fondation de services de cent ans.

Notes

Bulletin monumental, X.

P. 333. Tombeau, à l'église Saint-Jean-aux-Bois (Oise), indiqué à tort comme celui de la reine Adélaïde de Savoie.

Annales archéologiques, I.

P. 87. Restes humains et poteries trouvés sur l'emplacement de l'abbaye.

143. Simple mention de morceaux de dalles funéraires employés aux degrés de l'autel de la paroisse.

144. Mention de la sépulture de la reine Adélaïde.

148. L'église pavée en bitume.

151. En 1460, l'évêque de Paris ordonne de réparer l'église abbatiale.

50. Mention de fragments antiques déposés à la bibliothèque royale de Paris.

100. 106. Ruines et fragments antiques. L'église, les chapiteaux de marbre, l'ancienne crypte, plan cruciforme, dates de l'église, mauvaises réparations, chapiteaux historiés, fonts.

147. Fragments de tombes au Musée de Cluny.

Bulletin du Comité des Arts, II.

P. 63. Fragments romans envoyés au Musée de Cluny.

606. Mention détaillée de mon mémoire sur Montmartre. 605-607.

Bulletin du Comité des Arts, III.

P. 77. Découverte de restes humains et de poteries.

399. Dessin de la tombe d'abbesse, employée comme margelle.

BULLETIN DU COMITÉ DES ARTS, X.

P. 443. 459. 503. Blâme du badigeonnage de l'église, vœu pour la restauration de l'église.

503. La tombe d'abbesse servant de margelle ; autres débris dispersés.

* * *

INSCRIPTION QUI SE LISAIT AUPRÈS DE CELLE DE SAINT IGNACE, ET QUE JE TROUVE DANS UN MANUSCRIT DU XVIIIe SIÈCLE

SALVETE GALLI
ET PRIMA VESTRÆ RELIGIONIS
FUNDAMENTA DISCITE.
POSUIT EX HOC IN LOCO
ET SANGUINE SUO
CAPITE CŒSUS OBSIGNAVIT
SANCTUS DIONISIUS AREOPAGITA
PRIMUS LUTETIÆ PARISIORUM URBIS EPISCOPUS
ATHENIS AB APOSTOLO PAULO CONVERSUS
ET CLEMENTE R. P. IN GALLIAS MISSUS.
SOCIOS HABUIT
SANCTUM RUSTICUM PRESBYTERUM
ET SANCTUM ELEUTHERUM DIACONUM
ALIOSQUE PLURES
PARI FIDE PIETATE CONSTANTIA MARTYROS (1)
SUB DOMITIANO CÆSARE
ET FESCENNIO PRÆFECTO
DIE NONA OCTOBRIS ANNO SALUTIS LXXXXVI.

* * *

Le jeudi 17 décembre 1857, je visite l'église.

Depuis ma dernière visite, on a démoli le mur qui fermait la nef de l'Est, et l'église s'est allongée d'une travée qui est celle de l'ancien transept. Le travail a été terminé pour la fête du 15 août. Les degrés de l'autel ont été reportés au fond de cette dernière travée ; ce sont les mêmes que ceux du précédent. Très beaux chapiteaux des colonnes engagées, XIIe siècle. Clef centrale aux armes de France, déjà citée dans ma description, XVe siècle.

1. Guilhermy a écrit : MARTYRES.

Des démarches sont faites pour obtenir que l'abside soit rendue au culte.

Le curé a réclamé la tombe d'abbesse, employée, comme nous l'avons dit, à une fontaine publique.

Un cercueil de plomb renfermant, dit-on, un grand personnage, et portant une plaque armoriée avec les noms du défunt, a été trouvé, lors de l'établissement du calorifère, près de l'endroit où est une bouche de chaleur, entre la 3e et la 4e travées ; on l'a laissé en terre.

*
* *

Dans le jardin du Calvaire, un pied de lutrin sculpté en pierre, XVIIIe siècle ; écusson avec des palmes en sautoir ; deux autres écussons tout mutilés ; têtes de l'ange, du lion et du bœuf ; l'aigle, qui portait le livre, n'existe plus.

*
* *

On achevait, en décembre 1857, une nouvelle chapelle pour les cathéchismes, en avant de l'église ; voûte de plâtre en berceau cintré ; sur la pointe du pignon, petite figure de la Vierge, avec ces mots sur le socle :

B. M. V.
IMMACULATÆ

*
* *

« Mademoiselle de Penthièvre, depuis duchesse d'Orléans, était « pensionnaire à l'abbaye de Montmartre, en 1763 La vénérable abbesse, Madame de Montmorency Laval, âgée d'environ « 71 ans, périt le 6 thermidor an II. Elle avait été arrêtée chez « Me Béville, notaire à Saint-Denis, où elle demeurait.

« La maison abbatiale, qui était très belle ainsi que l'église, a été « détruite de fond en comble.

« La chapelle de Clignancourt existe encore en 1801. »

(Mms. de Gautier, organiste de Saint-Denis).

*
* *

Lundi 2 mai 1859, pose solennelle de la première pierre d'une église, à Clignancourt (v. les journaux, notamment l'*Univers*). L'église portera le titre de Notre-Dame. Je la vois de loin, le dimanche 1er juillet 1860 ; elle paraît peu avancée.

*
* *

PROJET POUR L'ABBAYE. — Sur la demande de Henri II, en 1558 ou 1559, Philibert de l'Orme dressa un projet de réfectoire pour les Dames de Montmartre ; mais, dit-il, en son *Traité d'architecture*, « le malheur qui en ce temps survint, m'a seulement détourné de cette bonne entreprise, ains aussi beaucoup d'autres ». (Plan et coupe, dans ledit traité).

*
* *

Un arrêté du Préfet de la Seine, en date du 10 novembre 1861, prenant une enquête sur le projet d'acquisition par la ville de Paris.

1° De trois chapelles dépendant de l'ancien perimètre de l'église de Saint-Pierre de Montmartre.

2° D'un terrain contigu à l'église acquis par le Domaine en 1816.

Les dits chapelles et terrain employés jadis par l'Etat pour le service du poste télégraphique de Montmartre.

Acquisition autorisée par délibération du Conseil Municipal en date du 18 octobre 1861.

L'enquête ouverte pendant quinze jours à partir du 28 novembre (1).

---

1. A la suite de ces pages, on a relié :

1° Un article d'Edmond Le Blant *Notes sur l'antique chapelle de Montmartre, dite du Saint-Martyre* (*Athæneum français*, 16 février 1856, p. 136-138) ;

2° Un article d'Edouard Didron : *L'Eglise du Vœu national* (feuilleton du *Monde*, 30 juin 1875).

Ouvrages relatifs à l'Abbaye de Montmartre [1].

Pièces et cartulaire, déposés aux Archives du royaume.
Sauval.
Gilles Corrozet.
Sainte Foix.
Piganiol de la Force.
Le P. du Breul.
Dulaure.
Lebeuf.
Gallia christiana (v. aussi tome 7, col. 620, et l'abbaye de Pont-aux-Dames).
Marrier, *Historia St Martini à Campis.*
Hilduini *Areopagitica.*
Abbo, *De Obsidione Paris.*
Duchesne, *Généalogie des Montmorency.*
Juvénal des Ursins, *Histoire de Charles VI.*
Chronicon cameracense Balderici episcopi.
Frédégaire.
Annales Benedictini.
Acta Sanctorum Ord. Saint Bened.
Acta Sanctorum Bollandi.
Historia franc[um] Greg[i] Tur.; id, *De gloria confess[um].*
Recueil des historiens de France, Dom Bouquet.
Liber mirac[um] Saint Dionysii.
Biblioth. hist. du P. Lelong.

1. On a conservé la Bibliographie sommaire dressée par Guilhemy en n'ajoutant quelques détails complémentaires que pour les monographies ou les ouvrages peu connus.

Dubois, *Historia eccl. paris.*
Zeiller, *Topographia Galliae.*
Belleforêt, *Cosmographie.*
Cte de Caylus, *Antiquités.*
Heurtaut et Magny, *Dictionnaire de Paris.*
Jaillot, *Descript. de Paris.*
Analecta Mabillonii.
Germain Brice, *Description de Paris.*
Claude Malingre, *Description de Paris.*
Godescard, *Vies des Saints*, t. 7, édit. 1811.
Un dictionnaire de la noblesse.
Le P. Bouhours, *Vie de Saint Ignace* (1).
Vie du baron de Renty, 1651, in-4°, p. 127 (2).
André de Saussaye, *Panoplia sacerdotum* (3).
Berthe aux grands pieds, édition de Paulin Pâris, 1831, p. 110.
Chronique scandaleuse de Louis XI, 1611, p. 78.
Chapotin, employé de la Biblioth. du roi, *Notice sur les processions septennaires*, 1749.
Vie de Sainte Geneviève (4).
Robert de Hesseln, *Dict[re] de la France*, 4e vol[e] (5).
Millin, *Antiquités de Paris* (6).
Grancolas (7).
Ives de Saint Denys, *Vie de Saint Denys* (8).

---

1. *Vie de Saint Ignace par le Père Bouhours.* Paris, 1679, in-4° et in-12.

2. *La Vie de M. de Renty, par le P. Jean-Baptiste Saint-Jure.* Paris, Le Petit, 1651, in-4°. B. N., Ln 27, 17265.

3. *Panoplia episcopalis, clericalis, sacerdotalis.* Paris, 1646-1653, 3 vol. in-folio.

4. Il s'agit peut-être de *La Vie de Sainte Geneviève, écrite en latin dix-huit ans après sa mort et traduite par le R. P. Pierre Lallemant.* Paris, A. Dezallier, 1683, in-12. — B. N., Ln 27, 8447.

5. *Dictionnaire universel de la France, contenant la description géographique et historique des Provinces... avec un grand nombre de tables,* par M. Rob. de Hesseln. Paris, Desaint, 1771, 6 vol. in-8. — B. N., L 16, 7.

6. Lire « Antiquités Nationales ».

7. *Histoire abrégée de l'église, de la ville et de l'université de Paris, par un docteur en théologie de la Faculté de Paris* (Grancolas). Paris, J.-B. Lamesle, 1728, 2 vol. in-12. — B. N., Lk 3, 467 (Réserve).

8. Il s'agit peut-être de Hilduin de Saint-Denys, *Areopagitica.*

Jean Doc, *Vie de Saint Denys* (1).

Bosquet, *Hist. eccl. gall.* (2).

Yepes, abbé de Valladolid, *Hist^re de l'ordre de Saint Benoit*, trad. franç. nouvelle, t. 2.

Jacques Doublet, *De monasterio regio Mis Mart^um abbatissis et monia lib. V. Hist. chron. p. la vérité de Saint Denys*, Paris, 1646. in-4°.

Vie de Saint Denys, par Léon de St Jean, carme réformé et provincial, 1661, in-8°.

(L'abbé Lebeuf cite l'ouvrage qui précède sous le nom de : *Octave de St Denys*, un vol. in-4°.)

P. Helyot, *Hist. des ordres monastiques*, t. 6, p. 314-324.

Dom Pierre de Ste Chatherine, feuillent, *Cérémonial monastique des Dames-de-Montmartre*, Paris 1669, in-4°.

Réprésentation d'une chapelle souterraine trouvée à Mont^tre le mardi 12 J^et 1611, Paris 1611, in-fol. notice et gravure.

Félibien, *Histoire de Paris*.

Adrien de Valois, *Dissertatio 2^a de basilicis*, cap. 1 (3).

Lelaboureur, *Epitaphes des personnes illustres* (4).

Legrand d'Aussy, *Recherches sur les anciennes sépultures*.

St-Victor, *Descript. de Paris*.

Jacqueline Bouette de Blémur, relig^se du St-Sacrem^t, *Eloges des femmes illustres de l'ordre de Saint Benoit*, Paris, 1677, in-4°, t. 2, p. 143.

Jacqueline Bouette de Blémur, relig^se, *Abrégé de la vie de Charlotte le Sergent, relig^se de M^tre, dite de St-Jean-l'Ev^te*, 1685, in-12.

Pierre Darbo, *Oraison funèbre de Henriette d'Escoubleau de Sourdis, coadj^ce de Mont^re*, Paris 1643, in-4°.

Nic^as Cousin, jés^te, *Oraison funèbre de Catherine Henriette de Beauvilliers, coadj^ce de Mont^re*, Paris 1634, in-4°.

Dom Fortet, *Lettre sur la Procession Septennaire*, 1747, in-4°.

---

1. *Vita, passio, sepultura Dionysii... Joanne Docæo... auctore*. S. l. n. d. in-8. — B. N., Ln 27, 5767.

2. *Ecclesiæ gallicanæ historiarum tomus primus... Auctore Francisco Bosquet*. Parisiis, J. Camusat, 1636, in-4°. — B. N., Ld 9, 2.

3. Paris. Dupuis, 1660, in-8. — B. N., Ld 3, 25.

4. *Les Tombeaux des personnes illustres ; avec leurs éloges, généalogies, armes et devises*, par J. Le Laboureur. Paris, J. Le Bouc, 1642, in-folio. — B. N., Ln 1, 1.

Mercure de France, juillet 1742, même procession.
Mercure de France, janvier et mai 1738, art. de Lebeuf sur des antiquités de Monmartre.
Choix des Mercures, t. 63, p. 66, procession septennaire.
Registres du Parlement, 18 juillet 1503, cité par Lebeuf, désordres de Montmartre.
Antiquités de Montmartre, v. Lebeuf, *Hist. ecclés. de Paris*, 1739, in-12, t. 1.
Montfaucon, *Antiquité expliquée*.
Dom...., *Religion des Gaulois*.
Pèze, *Recueil d'Antiquités*.
Recueil des épitaphes de Paris, 4 vol. ms. in-fol.
Procès-verbal des anciens édifices de Paris, dressé par ordre de Colbert.

***

Vérifier les dates des papes et des rois.
Ecrire au préfet pour la date de la vente.
Voir aux archives les cartons domaniaux.
Rechercher les sceaux et les armoiries des abbesses.
Recherches au cabinet des estampes et des plans.
Mesures de l'édifice.
Recherches sur le bal donné à Charles VI.

DALLE FIGURE D'ABBESSE (FRAGMENT)

2 m. sur 0 m. 74

INSCRIPTION

DAME MARIE COVRTIN. . .
DE HAVLT ET PVISS^{T} SEIG^{UR}
CHLER MARQVIS DV RENOV
PIERRE THIERSAVLT CON^{ER}
Q^{TE} ORD^{RE} DE L'HOSTEL DU. . .
FEV^{ER} 1664. . . . .
ORDE DE DIEV LA RÉVNI
BIEN HEVREVSE ÆTERNITÉ

Pour son Ame.

0 m. 69 sur 0 m. 52. Pierre noire dans le cimetière.

TABLE DES MATIÈRES

ERRATA

Page 13, ligne 1 : lire *tans* au lieu de *Tans.*

— 14, note, l. 5 : — , *après* au lieu de . *Après.*

— 16, ligne 16 : — *conduisent* uu lieu de *conduisaient.*

— 17, — 3 : — *ferveur* au lieu de *faveur.*

— 22, — 9 : — *bloquée* au lieu de *bloquie.*

— — — 21 : — *gens* au lieu de *gas.*

— 31, — 25 : — *après* au lieu de *par.*

— 36, dern. lig. : — *charte* au lieu de *chartre.*

— 57, ligne 24 : — *neuf* au lieu de *neufs.*

— — — 27 : — *emendas* au lieu de *espendas.*

— 86, — 13 : — *disputant* au lieu de *disputent.*

— 110, — 9 : — *Martyre* au lieu de *Martyrs.*

— 118, — 25 : — *moulure* au lieu de *moulures.*

— 142, — 11 : — *au* au lieu de *aux.*

— 144, note, l. 8 : — *auxdicts sergens* au lieu de *audicts sergents.*

— 147, ligne 3 : — , au lieu de ;.

Achevé d'imprimer

par

J. Castanet, a Bergerac

pour

la Société **Le Vieux Montmartre**

le 12 Janvier M. D. CCCC. VI.

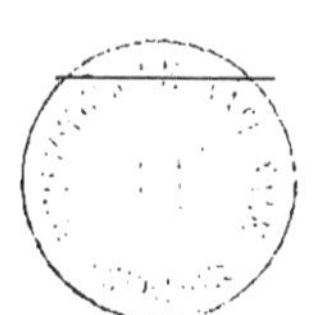

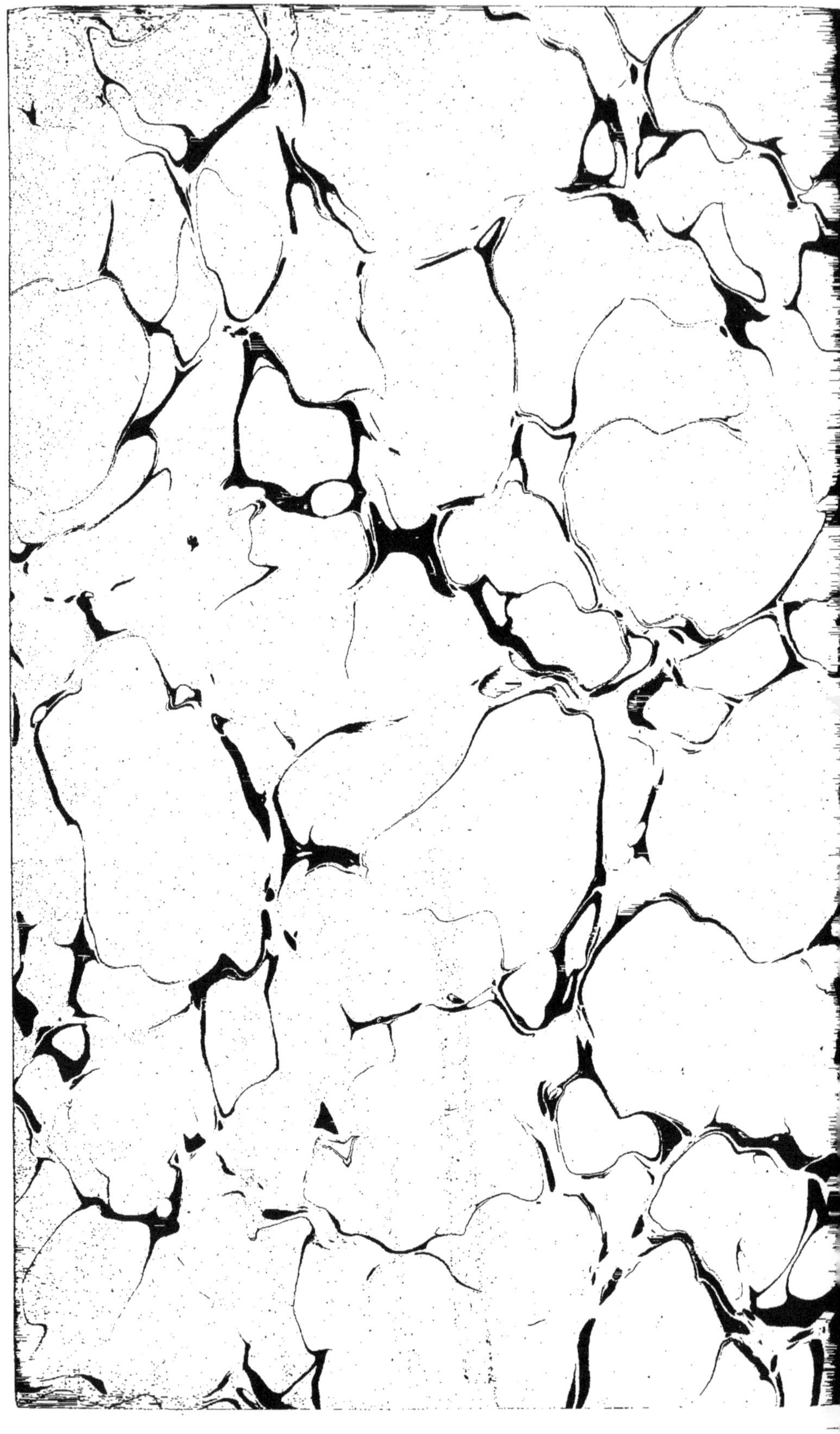

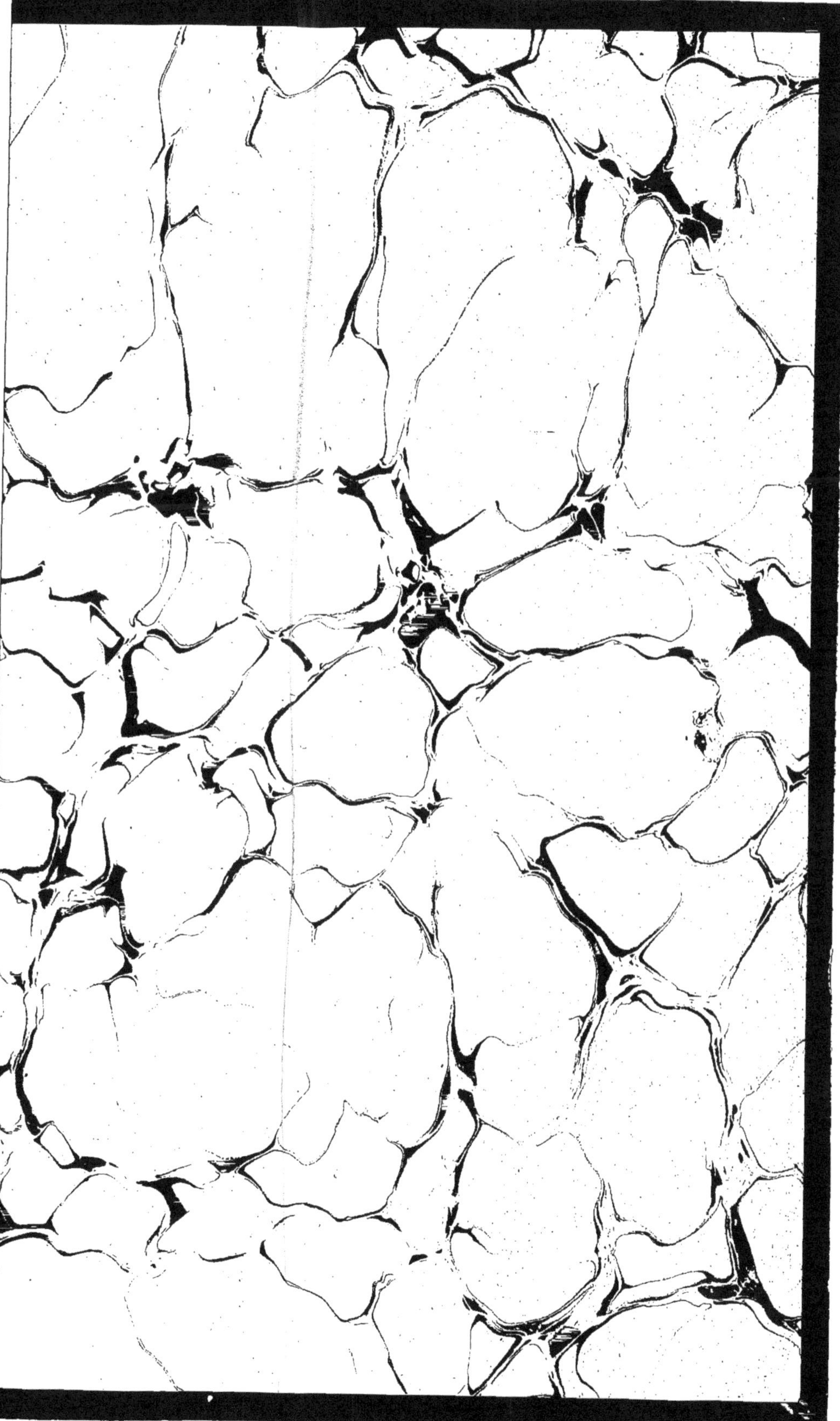

www.ingramcontent.com/pod-product-compliance
Ingram Content Group UK Ltd.
Pitfield, Milton Keynes, MK11 3LW, UK
UKHW020141220726
13923UKWH00001B/299